一直有著這麼一幅畫：

一群年輕的大學生

雙肩背著重重的包

手提挈滿滿的物資

眼神熾熱而堅定

步於山徑

走向部落

下山時

每張臉孔消瘦了

因不捨而哭腫的雙眼

卻是飽滿愛的溫暖

或許，你們不知

我的心曾經忐忑

～對於要我帶領這麼優質的港安～我能勝任嗎？

記得告訴你們：

當可以放下背包的時候

就不要背著！

可是，你們真不聽話

這也是我會這麼愛你們的緣由～尤其是那個時代

多年以後，蜜兒背起「不曾放下的包」

與苗兒手持港安的精神鎖鑰

為更多的族群，匯集發光他們的驕傲！

你們努力的一切，膚慰了我曾經的忐忑

而這份榮耀的桂冠，屬於有愛的每一個「你們」。

我是周神父

與你們在此

這一切真好！

原飾那麼美

臺灣原住民16族服飾文化藝術與生活美學

蜜兒（曾春滿）編著

李竹旺 攝影

原鄉情 — 細數部落服飾之美

　　一位專長是國際關係博士的大學教授，和出版全臺第一本探討臺灣原住民族十六族傳統服飾配飾專書，這兩件事之間的連結會是什麼？ 這問題表面上的答案，恐怕是我這個在竹科電子產業打滾三十多年的工程師，難以理解的。

　　然而，如果讓我試著把記憶體的時間軸往前快轉倒帶，回到大學時期那一段的記憶區塊，在屏東來義鄉排灣部落的日子，上述問題的答案，其實是完全不言自明的。除了對原民的人與事的熱愛，可以解釋這位國際關係博士的癡狂行為外，恐怕再也找不出第二個的答案了。

　　本書作者曾春滿博士，是我在大學時期所參加過的社團，輔大「港安原住民友團」的學妹。在 1980 那個還是戒嚴的年代，服務性社團是眾多大學生們之滿腔熱血的最佳出口，而我和作者當年也都曾有幸參與其中。雖然每個人待在山上和社團的時間長短不一，但原住民朋友們的真誠，卻都在我們這些白浪大學生們的心中，留下了深深的烙印。這些印記，並未隨著歲月而褪去，相反的，它往往是一股潛伏的力量把我們拉回部落，即便是在我們都各自歷經了人生與事業的風浪洗滌的三十年後。

　　出於對原鄉的熱愛，作者結合了自身長久以來的興趣，與學界多年來專業研究的手法，有系統地對臺灣原民十六族群的服裝和配飾，做了非常詳實的整理與介紹；希望能將臺灣原民傳統服飾，這塊十分能夠代表臺灣島嶼文化的瑰寶，完整地呈現在世人之前。

　　猶記於三年前，趁出差紐西蘭的空檔，順便造訪了其首都威靈頓當地的國家博物館。當看到了館內導覽起點，牆上的斗大畫報介紹當地原住民的遷徙，提到和臺灣原住民同屬南島語族的紐西蘭毛利人，在整個西太平洋遷徙的起源，很有可能是西元前 2500 年的臺灣時，心中真有股莫名的感動。但當時第一個直覺是，「真的嗎？因為毛利人在我心中的意象，跟我向來一直認識的臺灣原住民，是不太一樣的啊！」但再細想，兩者形象上的差異，是很合乎邏輯的。其中有個重要的差別，就是服飾。數千年前，當極具冒險精神的南島先民，划著小船， 航向未知又浩瀚無邊的西太平洋時，他們能隨身帶著上小船，到新世

界落腳展開生活的東西極其有限。也許是芋頭地瓜等植物種子，也許是豬雞等動物牲畜，都是以「食」為主的戰略必需品；而服飾這類相關的人與物，並非是在新世界生存下來的必需，應該是不會被帶上船的。因此即便雙方可能擁有相同的 DNA，幾千年下來，也只能隔著大片的西太平洋，各自演繹出完全屬於自己族群風格的服飾，也由此更凸顯了，這些原民服飾在全球人類史上和文化史上的重要性；這些隨著時代演化更迭的服飾，除了代表了每個族群的外在意象，更代表了族群每一個分子內在的自我認同。

在這個網路快速攻占人心與眼睛的時代裡，到處充斥著速成卻又不盡然負責的文章和影音，作者卻偏偏選擇了這個冷門的議題，一頭栽入了文史資料的收集，無怨無悔地蟄伏前行多年。期間也曾略聞她遭遇到各式不同的出版上的障礙，但沒想到曾博士還是克服了萬難，完成了這部意義重大的長作；身為她的好友和社團時的夥伴，除了替她高興外，還多了點與有榮焉的驕傲，同時也更樂於在此，將此書推薦給所有的讀者。如果您不是原住民，本書將引領您一覽臺灣各原住民族傳統服裝配飾的堂奧，讓您更能知曉並欣賞臺灣這個島嶼的多元；如果您是原住民，您更值得擁有此書，細看此書，藉以了解自己族群的服飾的獨特性，以及和其他族群的差異，努力讓這些先人的文化寶藏得以傳承下去，不被這數十年來快速席捲世界各國的全球化洪流給淹沒。

我還記得，作者曾在編撰此書的撞牆期，跟我聊到，她有時不免疑惑，這樣一本注定了不會暢銷大賣的書，到底意義是什麼？我一直是這麼鼓勵她的：

「我們最愛的已逝查馬克弟弟，在當年還是一個青澀的大學生時，於一個意外的場合，聽了由風潮音樂所發行的吳榮順老師的排灣傳統歌謠的 CD，從此開啟了他自己日後壯闊的排灣泰武古謠之旅，也才有了後來我們所眼見的，後續由他所帶出的整個原民界之繽紛的文藝復興。妳這本探討原民服飾的專書，就如同當年吳榮順老師收集並出版那第一張排灣傳統歌謠的冷門 CD 一樣，就算完全不賣座，只要能夠開啟了像查馬克一樣的青年學子的眼界，哪怕只有一位，就非常足夠了，這就是我認為此書最大的意義和使命。」

江聰培（啤啤）
銳視光電股份有限公司董事長暨業成集團 GIS-KY 獨立董事

喧囂中的「原創美學」

走近山林，總有一種魅力讓人感到自身的渺小，感到大自然的宏偉與包容，並深深地被滋養和療癒。而數千年以來就生活在這片好山好水的臺灣原住民，更是浸潤其中，孕育出與大自然共存共榮的生活哲學，這不是一套用文字寫出來的哲理，而是將生命與之共舞所譜寫出來的山林之歌。

學生時代因緣際會，參加了輔大「港安原住民友團」（當時稱為「港安山地友團」），把我的視野從北部的都市叢林，帶入屏東來義鄉的排灣族部落。猶記第一次看到山上朋友穿著他們的傳統服飾時，我的眼睛為之一亮，情不自禁地被這些獨特的頭飾、項鍊、服裝、綁腿……所組成的，繁複的服飾所吸引，它們是那麼完美地呈現出一種充滿生命力的「原創美學」，這種直觀的美學和山上朋友的質樸純真，及獨樹一格的「原住民幽默」彼此相呼應！我非常喜歡看到他們在慶典上穿著傳統服飾時，所展現出來的那種「天地之子」的氣場。

大學時我的主修是「織品服裝設計」，所講究的是「時尚美學」，需要敏銳的追隨世界潮流，每一年、每一季不斷的推陳出新，「時尚美學」沒有根，而是持續地製造曇花一現的驚豔！反觀原住民的「原創美學」則完全不同調，它是「有根可尋」，帶著豐厚的文化意涵，這些文化的背後是一套價值觀和信念的體系，是一種淵遠流長的傳承；而服飾作為每個族群文化象徵性表述的一部分，則世世代代被流傳下來。每當原住民朋友穿著傳統服飾，忘情地載歌載舞時，他們彷彿化身山林裡的精靈，蹦跳出最直觀的視覺震憾！

源於對「原創美學」的欣賞與珍惜，也深感原住民傳統文化正在式微中，大四時藉著上山的機會，背著單眼相機到「來義鄉」七個村去拍攝排灣族的傳統文物，記得當時村裡的老人十分珍惜地拿出祖傳的古老物件，拉著我的手滔滔不絕地訴說著部落的故事，雖然我聽不太懂，但是從那爬滿皺紋的臉上所散發出來的光采，我看到老人心中滿滿是對昔日時光的緬懷……。之後，我將所拍攝的照片加上從中研院找來的文字資料，一併集結成冊送給來義鄉公所，希望在地的田野調查能留在當地，成為「有根可尋」的傳承資料。

帶著對原鄉的濃厚情感，畢業後的第一份工作是在「北投文物館」做原住

民服飾文物的展覽企劃，館藏許多珍貴的古老物件，讓我大開眼界，當時最大的熱忱和理想，是藉著一系列的專題展覽，將臺灣原住民的歷史文化介紹給同樣生活在這片土地上的人，期望透過理解、欣賞與尊重，帶來族群之間的和睦。那段期間，我最喜歡做導覽的工作，因為能開心地跟參觀者介紹不同族群豐厚的文化資產，並且以親身的經歷分享，這些文化孕育出一群多麼獨特可愛的原住民朋友。這份與山上的情緣，也引領我日後進入 NGO 國際非營利組織做跨文化的教育與慈惠工作，從加拿大的印地安保留區到巴勒斯坦，從蒙古大草原到土耳其……，每個民族每個文化都有它的智慧和亮點，都見證了造物主創造的獨特之美，而這個跨文化旅程的起點，是來自原鄉的啟發。

欣聞昔日「港安原住民友團」的兩位好友「蜜兒」與「苗兒」將聯手推出《原飾那麼美》這本書，心中雀躍不已！作者曾春滿博士（蜜兒）花費了七年時間全省走透透，藉由田野調查與多方的史料收集整理，戮力完成這本佳作，書中對於臺灣原住民十六族群的傳統服裝、首飾、織布與刺繡，做了深入且系統性的研究探討，實為臺灣原住民藝術文化留下珍貴的紀錄。本書由對於出版品有獨到眼光，且對品質要求近乎龜毛的「木果文創」林慧美（苗兒）社長編輯出版，相信這兩位同樣有著「原鄉情懷」的知性女子，將為本書的出版碰撞出耀眼的火花。

我們身處於一個充斥著各樣雜音的喧囂世界，期盼這本書引領您走進山林，走近「原創美學」，走入臺灣原住民豐富多彩的世界，欣賞與尊榮生活在這片土地上的每個族群。

謝瑩貞（芊芊）
NGO 國際非政府組織 Member Care Ministry 成員關顧事工領袖

曾經許應，我會再回來！

　　臺灣原住民族現今僅占人口比例百分之二，約五十萬人。面對歷史的流變，筆者有感於原住民族藝術文化遺產的珍貴史料，也將隨之流失，故期許自己戮力增補完成此一臺灣原住民族十六族的服裝藝術文化編著大業。但是，一個人的力量有多大？又有多小？大到竟然可以小眾之力，整理完成臺灣原住民族十六族服飾文化的史料；小到再怎麼努力，依舊覺得資料還不足、陳述有缺憾、撰稿有疑惑……。曾經，我以為會寫這本書只是個偶然，但完稿的今日，我明白這一步步，都是山林的切切召喚。或許是輔仁大學四年年輕歲月中，隨著「港安原住民友團」（當時稱為「港安山地友團」）到屏東來義鄉時，曾經許應了我會再回來，回來探望，也回來團聚，而被祖靈揀選埋下了種子，在我完成了艱困的學術升等磨練之後，這顆種子在心中發芽了，慢慢地牽引我回到原鄉，回到應許之地，展開另一場更艱難的「尋根之旅」！

　　輔仁大學醒新社的「港安原住民友團」，曾經是一艘承載著青年學子想要「服務」社會與回饋族群的夢想號。我們每年利用寒暑假前進屏東來義鄉做課業輔導、家庭探訪、舉辦各種交流活動。一次次的行前與會後密集籌備與反思檢討，期盼透過團員之間彼此想法的激盪與創意，讓「服務」原鄉部落的單純心願開出一朵朵希望的小花。港安的團員們是一群尋夢者也是築夢者，老骨頭帶著年輕的小骨頭，代代相傳持續探訪來義鄉，於是上山不再僅是「服務」而是「回鄉」。畢業了、出國了、戀愛了、成家了、立業了，原鄉的呼喚似乎都不曾停歇，再遠、再久、再忙都要抽空回山上一趟，這幾乎成為我們港安人滾滾紅塵中的小小心願；因為，曾經我們以為是要去學習付出的「服務」夢，感受到與接受到的，卻是再也化不開的族人之愛。

七年的撰稿期間，我幾乎迷路、挫折，不想再前進了；但是親愛的祖靈總是安排深懷原鄉之情的勇士們，協助我走出困境，如今終於安然抵達目的地，我感恩落淚，輕聲致謝。於是，我邀請曾經一起到過來義鄉的港安團員、一起參與文稿協作的舊雨新知、一起相愛的族人們，提筆寫下他們對山林、對部落的情感。這本書，我們一起獻給原鄉！謝謝願意打開這本書的您們，歡迎大家真心收藏。不是因為它有多好看、多有趣；而是因為，它是一顆原住民族藝術文化的種子，期待日後也在您的心中生根發芽，一代傳一代！

崔兒（曾春滿）
撰於 2022 年台北的夏天

7

尊重是文化分享的關鍵！

　　《原飾那麼美》這本書的產生是先有蜜兒（曾春滿教授）的文字，苗兒（林慧美小姐）出版前的整合，因緣際會在朋友的引薦下才有我後來的加入，換言之，書的架構與文字內容早已確定，希望我後面圖片的拍攝可以加點分數，於是本書的鐵三角「蜜苗旺」就此成立。

　　跑部落屈指一算已三十年，我看了不少原住民的文獻與書，在政大傳院的碩士論文題目也跟原住民文化有關，想寫一本臺灣原住民的書很早就有這個念頭，也只有想的念頭而遲遲不敢下筆，還好蜜兒、苗兒找上了我，讓我有機會一起完成出版我心目中原住民書籍的心願。

　　認識原住民其實有一點汗顏，1992 年 10 月我接了一個案子到臺東南王部落，準備 12 月文化祭多媒體的放映，這是我生平第一次到部落，當時三十而立的我對臺灣原住民認識卻非常有限，我看到林清美老師為部落文化忙進忙出，看到清美老師的弟弟一沙鷗（林豪勳）躺在床上，僅能用嘴咬著一根竹子，敲著鍵盤寫文字、創作卑南族的古調，看到他們為族群的用心，身為漢人的我真有點慚愧！反過來看卑南族文化是這麼的特殊，因此啟開了我認識原民文化的一扇窗！

　　這些年勤跑臺灣原住民部落，更因為要出《原飾那麼美》的關係，為拍攝各族的服飾，十六族我全島都跑遍至少兩趟以上，在這個過程中我深知臺灣原住民是屬於南島語系，在浩瀚的太平洋及印度洋這麼多的島嶼上，有 3.8 億人都有著相同的語言系統，也是世界上分布最廣的語言家族；臺灣原住民雖然只是其一，但若要以臺灣原鄉論（Out of Taiwan）的可能推測，至少臺灣原住民的文化探討與價值是有很大的探討空間。基於此，身為臺灣島嶼的一分子應有的反思及作為，就格外的重要了。

　　放眼南島語系這麼龐大的族群，如何讓外界能辨識出臺灣原住民呢？如果以符號學來說，族服是最快也是最準的辨認方法；每一族群的族服就是一個符號，人類最會使用的就是符號，每一個符號都有它的意義，因為符號是人去定義而後產生意義，有意義就需要去認識，了解之後就可以說明。《原飾那麼美》

就是在解釋每一個族群的符號，每一個族群的族服都有典故，因為人會進化，我們的族服也在進化中；臺灣原住民這半世紀的服飾變化是很大的，《原飾那麼美》是近年所採集的服飾，不論文字或圖片依然遵照該族群符號的精神去撰寫與拍攝，也許會有一點小差異，但絕不會失去它的原味與應有的精神。

以《原飾那麼美》這本書我們簡單來分析，蜜兒以她多年在服飾上的專研，將臺灣原住民服飾做系統的分類撰寫並清楚說明之，而我是攝影師直接與該文化被拍攝的原民朋友接觸，這個過程的產生是建立在情感之上，我跟原民朋友都希望所拍攝的能有一定的品質呈現，彼此共創也彼此期待，甚至接觸的過程還可能聽到好聽又感人的故事，因此後來增加了「紀錄片導演的視角」，以報導的方式寫出拍攝過程中深刻的感受，而我也朝著感性的文字來書寫。

服飾是表徵、是符號，它有美好的意義可以跟著生活文化向國際傳揚，全世界都在面臨少數族群文化的流失；臺灣目前至少有十六族原住民族，服飾只是其中一項物質，還有更多物質與非物質需要傳統智慧創作保護，因此從 2007 年立法院三讀，原住民族傳統智慧創作保護實施辦法於 2015 年公告並施行。本書也遵照相關之規定向各族群或部落預先提出申請，申請過程中有很多的感觸；身為文化的愛護者與推動者誠心希望，臺灣原住民文化在主管機關與傳產專屬部落申請人的保護下，以希望能促進原住民族的發展而言，大家都很有心，但是文化最擔心的是受到申請的過程與過度的保護等局限，文化如果變得無人聞問那就太可惜了！如何能讓更多人分享才是我們社會之福！尊重是文化分享的關鍵！

CONTENTS 目錄

PART 1 服飾

第一節 │ **服飾特徵** │
—— 一襲彩衣，傳達生活美學及身分認同 032

第二節 │ **服飾技藝特色** │
—— 從文獻、傳統到現代，富含社會意涵 092

PART 2 首飾

第一節 ｜ 歷史傳承 ｜

第二節 ｜ 首飾特徵 ｜

第三節 ｜ 首飾特色技藝 ｜

PART 3 織布

第一節 ｜ 歷史傳承 ｜

PART 4 刺繡

【特別企劃】 ◎ 文 / 李竹旺

紀錄片
導演視角1

認識臺灣 16 族原住民族

　　臺灣原住民族主要是指在漢人大規模遷居臺灣之前，最早居住在臺灣島上的南島語系民族。依據人類學者研究分析，臺灣原住民族因屋架建築、火墾、文面、樹皮衣製作、跳輪舞等生活習俗與傳統的南島文化相似，彼此語言也具有共通性，因此驗證為屬於南島語系民族。南島語系民族在人種上屬馬來人，是世界上分布最廣的民族，主要分布地區西起非洲東南的馬達加斯加島，越過印度洋東抵太平洋的復活節島，北起臺灣，南到紐西蘭。

經官方認定有 16 族獲得正名

　　現今居住在臺灣島上的臺灣原住民族，截至2022年約有五十八萬人，占總人口數的百分之二；經官方認定的有：阿美族、泰雅族、排灣族、布農族、卑南族、魯凱族、鄒族、賽夏族、雅美(達悟)族、邵族、噶瑪蘭族、太魯閣族、撒奇萊雅族、賽德克族、拉阿魯哇族、卡那卡那富族等十六族。

馬達加斯加

　　臺灣原住民族約可分為居住在山地的「高山族」、與居住在平地的「平埔族」兩類。其中，「高山族」早年因漢人於沿海地區屯墾而避居山區，如今多數保有自己的母語、風俗習慣、傳統文化和部落結構，不過也因治理政權更迭、居住領地被重新行政劃分、天災和現代化衝擊等因素，造成部分傳統住地遷徙與文化流失；「平埔族」更因長年居住平地，與漢人比鄰而居或通婚，使生活模式深受漢文化影響，幾乎尚失原有語言與文化習俗，所幸現階段各族均已積極強化母語教育、進行文物保存、復刻傳統服飾和振興祭祀慶典等文化再造工作。

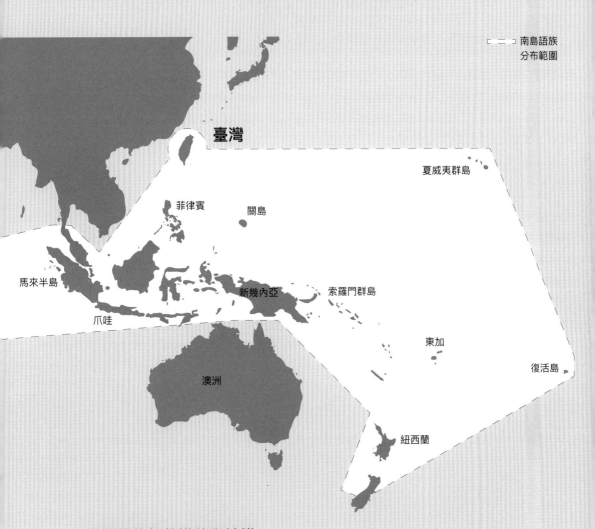

臺灣

夏威夷群島

菲律賓　　　關島

馬來半島

新幾內亞　　索羅門群島

爪哇

東加

澳洲

復活島

紐西蘭

仍維繫著部落樣貌與結構

　　目前，已完成正名的十六族臺灣原住民族，雖然生活形態已由傳統的游耕、火耕及狩獵，逐漸改為以農耕漁牧與現代化的工商生活模式，但是，整體的族群文化，透過祖靈的信仰、祭祀、慶典、嚴明的社會階級制度與傳統服飾的保存，仍然維繫住了部落的樣貌與結構。

臺灣原住民族族群分布區域圖

① **阿美族**：阿美族分布在中央山脈東側，立霧溪以南，太平洋沿岸的東臺縱谷及東海岸平原，大部分居住於平地，只有極少數居於山區。

② **泰雅族**：泰雅族分布在臺灣中北部山區，包括南投埔里至花蓮以北地區。

③ **排灣族**：排灣族以臺灣南部為主要活動區域，北起大武山，南達屏東恆春，西自南投隘寮，東到臺東太麻里以南海岸。

④ **布農族**：布農族主要分布於中央山脈海拔一千至二千公尺的山區，廣及高雄那瑪夏、臺東海端以及南投境內。

⑤ **卑南族**：卑南族主要分布於臺東縱谷南部。

⑥ **魯凱族**：魯凱族分布於高雄茂林、屏東霧臺及臺東東興等地。

⑦ **鄒族**：鄒族主要居住於嘉義阿里山，亦分布於南投信義地區。

⑧ **賽夏族**：賽夏族居住於新竹與苗栗交界的山區，又分為南、北兩大族群。北賽夏居住於新竹五峰，南賽夏居住於苗栗南庄與獅潭地區。

⑨ **雅美 (達悟) 族**：雅美族分布於臺東外海的蘭嶼島上，共有紅頭、漁人、椰油、東清、朗島、野銀等六個村落，為臺灣原住民族中唯一的海洋民族。

⑩ **邵族**：邵族分布於南投魚池及水里地區，大部分居住日月潭畔的日月村，少部分原屬頭社系統的邵族人，則住在水里頂崁的大平林。

⑪ **噶瑪蘭族**：噶瑪蘭族過去主要居住於宜蘭，目前遷居到花蓮和臺東。

⑫ **太魯閣族**：太魯閣族大致分布於北起花蓮和平溪，南迄紅葉及太平溪這一帶廣大的山麓地區，亦即涵蓋花蓮秀林、萬榮及少部分的卓溪立山、崙山等地。

⑬ **撒奇萊雅族**：撒奇萊雅族聚落主要分布於臺灣東部的花蓮境內。

⑭ **賽德克族**：賽德克族口傳發源地——Pusu Qhoni ／ Rmdax Tasil，位於今南投縣與花蓮縣交界區的牡丹山區，主要以臺灣中部及東部地域為其活動範圍，約介於北方的泰雅族及南方的布農族之間。

⑮ **拉阿魯哇族**：拉阿魯哇族原被錯誤歸類為南鄒族，2014 年正式恢復族名，主要分布於高雄桃源以及那瑪夏地區。

⑯ **卡那卡那富族**：卡那卡那富族亦原被錯誤歸類為南鄒族，2014 年正式恢復族名，主要分布於高雄那瑪夏區的達卡努瓦里及瑪雅里。

② 泰雅族

⑧ 賽夏族

⑦ 鄒族

⑭ 賽德克族

⑫ 太魯閣族

⑯ 卡那卡那富族

⑬ 撒奇萊雅族

⑮ 拉阿魯哇族

⑪ 噶瑪蘭族

⑩ 邵族

⑥ 魯凱族

① 阿美族

⑤ 卑南族

④ 布農族

③ 排灣族

⑨ 雅美（達悟）族

導論

「原住民藝術」泛指尚未受到現代文明生活所完全支配的傳統藝術文化，也是指少數民族透過自我認同的價值觀，所持續發展的生活藝術與創作展現。臺灣原住民族沒有文字資產，主要是依靠保存下來的族語與祭典儀式，以口述傳說的方式，解釋各種圖騰符號的意涵並且將之運用在所穿著的傳統服飾、配件與生活物品上，藉此來追思古老部落的樣貌與傳承逐漸消逝的珍貴文化資產。

根據考古學研究，臺灣原住民族至少六千年前就已經生活在臺灣島上，期間縱然歷經統治政權的更迭，面臨了一次次強勢文化的洗禮，所幸仍不掩其強韌民族性所散發出來的生命力，反而融入了日本文化、漢文化與其他不同族群的多元文化，詮釋出今日更加豐富多彩的臺灣原住民藝術。

為了尊重原住民族的權利與提升文化的保存工作，臺灣當局於 2005 年制定「原住民族基本法」並通過「紀念日及節日實施條例」，明定每年 8 月 1 日為「原住民族日」，以及法定原住民各族的歲時祭典祭儀亦等同國定假日等規章，期使透過具有尊重與包容精神的律法制度，讓臺灣原住民族的傳統風俗習慣和物質文化，在現代化的歷史洪流中，仍持續保有其獨特的民族記憶與藝術風華。

追求物質文化之美是人類的一種天性。不論是從歷史文化的層面或傳統美學的觀點來看，臺灣原住民族透過各種生活器物所傳承下來的圖騰、符號、樣式、顏色和素材，不僅僅是用來作為各個民族的自我身分識別，同時也承載了該族的變遷史、風俗習慣與界定其特殊的社會階級等多項功用，因此臺灣原住民族藝術可說是兼具了實用性和標誌性的傳統美學。

綜觀臺灣原住民族珍貴的生活藝術，其創作靈感主要來自於日常活動中的所見、所聞、所知，進而樸質地將內心的感受表達出來，這是一種源自生活智慧的直覺型創作。再加上，傳統部落敬畏大自然，信仰萬神和祖靈，故而也會將他們的神話、傳說、歷史、風俗、習慣和傳統價值觀等各個方面的心靈底蘊，直接置入物質文化的傳承脈絡之中。因此，流傳至今

不論是手工織布、刺繡、繩編、藤編、竹編、雕刻、陶製品、琉璃珠、花藝、植物染、羽飾……等等，所展現出來的古老智慧與華美工藝均令世人驚艷。尤其是臺灣原住民傳統的整體服飾、首飾與配件更是絢爛奪目，往往將上述各種精美的創作工藝鑲嵌其中，再利用多樣性的圖騰、符號、樣式、顏色和素材代替文字，訴說族人們光榮的象徵與史蹟（圖1）。

據此，臺灣原住民服飾研究學者李莎莉曾將原住民整體服飾歸類為以下六項特殊的社會文化意涵：

一、它顯示社會階層以及特殊身分或事蹟的意涵。例如排灣、魯凱二族，傳統上唯有貴族可穿戴華服，並施以特定的花紋；鄒族男子在獵得山豬之後可將山豬獠牙做成臂環，在節慶祭儀時穿戴出來，顯示勇士的事蹟。

圖 3：文化交流使得原住民服飾制式上逐漸產生變異，圖為花蓮布農族女子融合漢式的服飾，即為表徵之一

二、它與社會組織的組成原則息息相關。例如泰雅女子必須習得織布才有資格文面並成家；而阿美、卑南二族有年齡階級之分，不同層級必須穿戴不同服飾。

三、它具有男女分工的特性。例如男子負責織布機的製作，而採麻、處理麻線則男女共同合作，但在女子織布過程中，男子忌碰織布機，也不能跨越其上。

四、它反映了文化接觸所造成的社會變遷。例如日治時期以前，大部分的衣服材質，均為自織麻布，後來才大量使用由日本或大陸進口的棉花和印花布，晚近，更以化學纖維取代所有材料，這顯然是一種順應環境所產生的變化。

五、它是族群認同的重要表徵。自三百多年前，漢人大量進入臺灣後，原住民文化受到相當大的衝擊，服裝方面逐漸受漢人影響，但在特定節慶祭儀上，仍繼續穿戴傳統服飾，充分表現出自我族群的認同。

六、它具有傳統藝術美學的意涵。

基本上，服飾的色彩、圖案、以及形制，均符合對稱、律列和均衡的原則，並據此呈現出各族獨特的風格。

此外，根據作者近年實際探訪原住民部落，發現臺灣原住民族現今的整體服飾除了保留了上述的傳統社會文化意涵之外，現階段的服飾文化受到他族與現代化的影響很深。主要的影響背景因素是隨著居住形態的改變，傳統的狩獵生活已經轉變為定居的農耕生活，原住民族在與他族長期比鄰而居且文化交流後，服飾制式上也逐漸產生了變異性與相似性。

傳統部落生活中最早的改變是引進了現代化的織布機和價錢便宜且容易取得的棉毛布料和織線，家家戶戶於是不再費力費時的手工織布，服裝材質於是從傳統苧麻改變為日本人和漢人慣常使用的棉線、毛線、塑膠鈕扣，服飾顏色更因此由傳統的暗色系轉為亮彩系；同時也把漢人的旗袍、馬褂、皺褶裙、雲肩、袖子等服飾特徵直接融入他們原有的方衣和片裙的樣式中。

因此之故，臺灣原住民男性傳統服飾中，開始出現了有對襟的上衣、袖子、小立領，並縫有排扣或盤扣，而長度僅及腰部以上的短上衣，也是模仿漢人短襖而來的（圖2）；女性的傳統服飾中也隨之出現了旗袍式的盤扣、小立領、斜襟、腰身等漢式的女子服裝特色（圖3）。

所幸，發展迄今臺灣原住民族的整體服飾文化並未因此而失去其重要的圖騰與紋飾特色，雖然平日所穿著簡便的是現代服裝，但每當舉行重要的慶典和祭祀活動時，族人們就必須穿戴整套的傳統服飾與配件盛裝與會，且不得依個人喜好而逾越該族的社會階級與風俗習慣。靠著節慶儀式時所堅持穿戴的傳統服飾習俗，臺灣原住民族的服飾特徵與社會文化意涵不僅得以完整地保留下來，並且也展現出了傳統與現代兼容並蓄的特有價值。

圖2：臺東阿美族男子服飾融合漢式元素的例子，展現出兼容並蓄的特有價值

職是之故，本書在臺灣原住民族豐富的物質文化遺產中，選取最能展現總體文化記憶的傳統服飾、首飾、織布與刺繡等四大主軸，致力於將現有的臺灣原住民族十六族文獻加以增補、統整、歸納、分類與交互印證，期望為這些無價的文化瑰寶盡一己棉薄之力。

只是在研究過程中，發現臺灣原住民族十六族的服飾文化中，有些族群資料已經散落，只能藉由少數古籍文件、文化工作者或耆老口述，積極復刻已經失傳的服飾樣貌；或是，由於臺灣原住民族的歌舞表演享譽海內外，為了舞臺上的耀眼效果，整體服飾用色加入更多的彩色系並縫上許多亮片、彩珠、毛線球、電繡貼布、塑膠花草……等等配飾，使得各族服裝樣式、紋飾、用色都有朝向規制化與同質性的趨勢；又或者是由於部分族群因遷

圖 4: 屏東三地門青葉部落魯凱族女子服飾融合漢式元素的例子

徙、通婚或長期比鄰而居而彼此交流同化（圖4）；甚或是由於統治者為了方便治理，而將部分有地緣關係的不同族群，長期歸類為同一族等政治因素，皆使得作者在服飾、織布與繡片等資料歸類整理過程中，產生了許多辨識上的困難，而且族人之間也往往因為個人記憶與考據資料的不同，而產生了些許說法紛紜的現象。但也因為這些現實存在的窒礙，讓作者更有感於必須盡快盡力，且完整地向世人再次展現臺灣原住民族十六族傳統服飾的藝術價值。

綜上所述，臺灣原住民族傳統服飾的重要性，可說等同於一部少數民族的史學巨著。其精美繽紛的傳統織布、刺繡、圖騰與紋飾等工藝創作，是族人們秉持著樸質天性的生活美學，而整體服飾更是傳承民族符號意象與記錄歷史軌跡的重要載具。

現今，臺灣原住民族的服飾文化傳承工作，透過公部門、私部門、第三部門與個人工作者，已積極開創了許多原住民園區、原住民文物館、原住民文化中心、原住民研究中心、部落發展協會、個人基金會、織布工作坊……等等多元的發展平臺；同時，也積極地投入了人力、物力與資金，不僅賦予原住民工藝師國家榮譽與補助，更培育中生代與新生代學習各項傳統服飾工藝，其中包括在部落復育苧麻的種植、傳統麻線和染色、手工織布教學、繡片技法與飾品製作、舉辦慶典與祭儀、彙整文物以及收集耆老口述歷史……等等。

可貴的是，作者在資料蒐整與田野調查過程中，發現原來是男女有別的傳統織布和刺繡領域，也已慢慢放下了不合時宜的規制，讓服飾文化資產的保存工作，不分性別和族群，朝向更多元的可能性方向發展。期許臺灣原住民族豐富的十六族服飾文化藝術，可以透過眾人的協力合作，持續世代流傳且創新發展。

PART 1 服飾

臺灣原住民族十六族的傳統服飾與首飾配件，都有屬於自己的獨特風格、裝飾特色與圖騰紋飾，不但色彩炫麗、形式多樣，更展現各個部落族群的藝術特質及社會意涵。

這些說不盡的服飾文化與特色技藝，凝聚了臺灣原住民族的自我認同，也持續開展出屬於新時代的藝術內涵與自我期許。

前言

臺灣原住民族各族非常重視祖靈的信仰，相信祖靈居存於自然萬物之中，會生生世世保護與引領其所屬的族人。這樣的傳統信仰稱為「泛靈信仰」，意指天地萬物、自然界現象以及歷代祖先皆有其靈；因此，衍生出了各種山神、海神、河神、太陽神、樹神、小米神、貝殼神……等等與萬物「自然崇拜」相關的祭典與傳說，同時為了感念祖先的護佑也創生了祖靈祭。

這些傳統信仰、起源傳說與祭典儀式延續至今，成為原住民族部落組織中，凝聚族群情感的重要場域；而重要慶典中必須遵循其社會階級及身分別所穿戴的傳統服飾，更是承載著原住民族悠久歷史的重要文化資產。

十六族原住民族有其獨特的祭典與歷史想像，例如：布農族每年四月的射耳祭（以箭射獸耳禱求獵穫豐收）（圖1）與每年十一、十二月的小米祭；泰雅族有播種祭、祖靈祭；賽夏族每二年的農曆十月舉辦矮靈祭，每十年則擴

圖 2 上、圖 3 下：屏東排灣族小米收穫祭
郭志豪攝影

圖1：南投達瑪巒部落布農族射耳祭

大舉辦一次；雅美（達悟）族是臺灣唯一的海洋原住民族，每年三到六月有飛魚祭與下水祭；排灣族則有五年祭、毛蟹祭、祖靈祭、小米收穫祭（或稱豐年祭）（圖2、3）等；鄒族有戰祭、收穫祭，其中南鄒族相信祖靈依附在收藏的貝珠中，因此有子貝祭；邵族有豐年祭、狩獵祭、播種祭、拜鰻祭（是邵族從狩獵文化轉為魚撈文化的見證）。

阿美族的豐年祭則等同是族人的過年，原始意義為感謝祖靈和慶祝豐收，每年七月中旬至九月初，由各村舉行自發性的豐年祭，時間由一到七天不等；阿美族另有海神祭，約在每年六月中旬於部落的附近溪口海邊舉行，主要祈求海上作業平安且漁獲豐收。

此外，魯凱族每年也舉辦豐年祭（圖4），另外八月舉

圖4：屏東霧臺魯凱族豐年祭

圖5：臺東卑南族
聯合年祭

辦收穫祭，祭典中會烤小米餅來占卜下一年的農作與狩獵情況，此儀式只限男性參加；卑南族重要的祭典有聯合年祭（圖5）、海祭、男性的猴祭及女性的鋤草祭；賽德克族則會舉辦播種祭、豐年祭、祈雨祭、狩獵祭、捕魚祭；太魯閣族有祖靈祭、播種祭、收割祭；拉阿魯哇族有貝神祭，認為貝殼是與祖靈溝通傳承的媒介，貝神祭被族人視為最盛大的祭儀；撒奇萊雅族也有豐年祭、巴拉瑪火神祭；噶瑪蘭族的海祭則是由年輕人將宰殺後的豬心、豬肝、里肌肉等取出，交給部落長者當成主要祭品，部落長者再將它們切成小塊後，穿插進長約 30 公分的細竹片裡，走到海邊，面對海洋謙卑地蹲下，口中唸著祭語，將祭品一塊一塊地拋入海中，以表達敬意；卡那卡那富族有所謂的米貢祭，是小米豐收後表達對天地之神的謝意，另有河祭則是為了感謝河神賜給族人乾淨的河水與豐富的水產（圖6）。

　　上述各族特殊的祭祀儀式與古老信仰，除了深具歷史價值，最引人注目的就是可以一窺各族所展示的整體傳統服飾與物質文化。

圖 6：卡那卡那富族河祭

第一節 |服飾特徵|
一襲彩衣，傳達生活美學及身分認同

臺灣島地屬亞熱帶區域，一年之中約可分為雨季和乾季兩季，夏天是雨季，艷陽高照、炎熱無比，高溫可達攝氏三十度以上近四十度；冬天則多是乾季、雨量較少，低溫約攝氏十幾度。臺灣原住民身處此一溫度環境中，平常穿著的服裝以簡單而實用的方衣、片裙為主。吾人可從口傳歷史以及新石器時代遺址中所出土的服飾文物，例如陶製紡錘、樹皮布的捶打棒、獸皮衣的獸骨縫針等，證明原住民族傳統的紡織品、樹皮布和獸皮衣等服飾工藝的流傳已經歷史悠久。

從現存的服飾文物資料中可知，當時無論是獸皮衣、樹皮布或是手工紡織的麻製品，因傳統工具的使用限制，尺寸皆是以人身身長所及的大小為限。以織布為例，約在 40 公分乘10 公分之間，若要加大布的幅度，通常是把幾塊長布條並排縫製一起。在古代，原住民把這種長方形的方布戴在頭上、披在身上、圍在腰上、捆在腳踝上，成為所謂的「方衣」或「貫頭衣」；亦即將長方形的織布並排對折，一半縫合起來，中間挖個洞方便衣物由頭部穿入，未縫合的一半當前襟，就變成無袖的長背心，長度通常

達至大腿。清朝的文獻中曾有「其狀如袈裟、風吹四肢畢露」的相關記載。時至今日，我們仍可看見「方衣」的形式普遍出現在原住民族服飾中，例如頭巾、披巾、片裙、腿圍、長袖套等等。總體而言，原住民族的傳統方衣文化主要是具有蔽寒、保護和裝飾等三方面的功能，可謂兼具了美觀與實用。整體服裝組合的品項繁多，自頭部而下，分別有帽子、頭巾、頭飾、花環、額飾、耳飾、頸飾、肩飾、肩帶、霞披、披巾、袖套、臂飾、手飾、上衣、胸兜、背心、背袋、腰裙、腰飾、臀鈴、兜襠、後敞褲、腿圍（護腳布）、腿飾、腳飾等樣式。服裝與飾品上所裝飾的圖案、材質、技法，甚至色彩觀念，大多是來自日常生活經驗以及神話傳說的內容。

特別的是，臺灣原住民族因為擅長纖維工藝（例如：織布、刺繡等），一件服飾或飾品上經常包含了不同的材質與技法，所留傳下來的繽紛圖騰，不僅豐富了原住民族服飾的藝術內涵，也代替了文字的記載，將各族特有的歷史故事、社會階級、風俗習慣蘊含其中，充分傳達出原始部落的藝術特徵與族群身分認同的文化意涵。

阿 阿美族

圖7：花蓮玉里哈拉灣部落阿美族女子禮服
花蓮玉里鍾春李女士提供

圖8：臺東阿美族女童及男童表演服飾

圖9：阿美族少年服飾

圖10：臺東阿美族成年男子服飾

　　阿美族人的服飾大約可分為常服與禮服兩種。「常服」也就是為日常生活時所穿著的服裝，而「禮服」包括盛裝和祭服兩種，都是在舉行祭儀活動時所需穿著的服飾（圖7）。此外，阿美族服飾也會依據年齡層加以區分，據日人所編《蕃族調查報告書——阿美族馬蘭社》文中提及幼童是不穿著服裝的，約到五、六歲時，小女孩便會穿上腰裙（圖8）；男孩子則是進入少年時期才會在下半身穿著短裙，並且在腰部纏繞上腰帶（圖9）；而成年男性進入了青年組以後，即可以穿著全套的服裝，包括對襟無領長袖長上衣（圖10）。

阿美族服飾除了會因年齡和階級而有不同的規定之外，不同地區的族人在服飾上也有所差異，因此具有分辨性別、年齡、區域，與界定群體範圍、達成身分認同等重要功能。根據臺灣學者黃貴潮（1998）的田野調查，依地區將阿美族的服飾類別約分為四型：

① 北部型：如北部阿美（南勢阿美），由於受到鄰近太魯閣群與平埔族加里宛人影響（居住於奇萊平原的平埔族人，位置即今花蓮平原）。

② 西部型：如中部阿美（秀姑巒阿美），服飾受到鄰近布農族的影響。

③ 海岸型：如花蓮長濱、豐濱一帶屬港口系統的阿美族（海岸阿美）；而較南的屬宜灣系統，受到平埔族與客家人的影響。

④ 南部型：或稱馬蘭系統（馬蘭阿美），受到鄰近客家人、卑南族與排灣族的影響較深。

事實上，阿美族男性的服飾在地域上的差異度較女性服飾更為明顯且多元。在馬蘭阿美、秀姑巒阿美及海岸阿美的社會當中，屬於青年組以上的成年男性，在豐年祭等重要的祭儀場合中，會在下半身圍上一條單片式的短裙或是樣式亮麗的流蘇裙；但是，許多秀姑巒與馬蘭的阿美族男性則加穿改良的後敞褲，顏色多採紅、綠、黃及白相錯（圖11、圖12）；南勢、海岸與部分秀姑巒地區則大多保留穿著短裙或流蘇裙。比較獨特的是，位於

圖 11 上、圖 12 下：
阿美族成年男子後敞褲正反面

花蓮光復屬於秀姑巒阿美的馬太鞍部落，男子盛裝時會將流蘇圍裙繫在後敞褲的外面，並以五條細長的紅、白、藍三色布片排縫於腰帶上，垂繫於長褲前方，布條下緣為絨線穗，舞蹈時獨有的三色流蘇圍裙會隨著舞步飄動，增加了族群識別度（圖13、圖14、圖15）。

在北部阿美族中，男性祭典所穿著的盛服多採紅色系，因此除了穿著短裙外，還會再披上一種類似鄰近太魯閣族

圖16：阿美族成年男子服飾

或泰雅族的「紅色流蘇方巾（亦稱胸披）」。至於平時男性大多裸露上身不穿上衣，在慶典時才會盛裝穿著，男性上衣（藍色和白色）的形式則是受到漢人服飾的影響（圖16）。馬蘭阿美受到鄰近卑南族的影響，也會配戴類似花環的頭飾。傳統上，中南部的阿美族男性僅在盛裝場合才會披掛披肩，但現在於平時場合有時也會披掛，以增加裝飾效果。

相較於阿美族男性服飾的地區辨別性，阿美族女性服飾則僅在馬蘭地區與非馬蘭地區之中有所差異。非馬蘭地區的阿美族女性上半身通常穿著對襟圓領上衣，而上衣可分為長袖、短袖，衣服的顏色則可分為紅色及黑色，紅色主要是年輕女性穿著，黑色則為年紀較長的婦女所穿，但近來，黑色也逐漸不被使用；至於馬蘭地區女性多穿著類似漢式

圖13左、圖14右上、圖15右下：花蓮光復馬太鞍部落阿美族男子特有的三色五片流蘇裙

長袖上衣,並且也會搭配披肩(亦稱霞披)(圖17)。

　　阿美族女性的下裙分為兩片裙與單裙,絕大多數的女性是穿兩片裙,內裙以黑為底,外裙為紅色;馬蘭地區的女性則受到卑南族影響,在著黑色單裙時,也會圍上綠色為主的圍裙,不過無論是哪種裙子均會縫上彩色細條並在裙擺繡花。小腿部分綁繫一對護腳布,護腳布(或稱綁腿)常見是黑布縫上長條之白色雙層布;並在黑布上方各縫上一條細毛線,在穿戴時以白布條順著小腿纏繞而上,至膝蓋處繫上附帶細繩,避免在跳舞時脫落(圖18)。女性也會斜穿胸兜,胸兜是用彩色波浪紋及鎳片所裝飾,並繫上腰帶,腰帶是用彩色毛線(通常為紅色與綠色)編成麻花狀,各兩條,在盛裝時繫於腰部與腹部,上下各一條並繫成蝴蝶結(圖19、圖20)。

　　阿美族男女服飾中,不受地理分布影響的即是頭目和長老的服飾,其穿著為紅色長袍,搭配項鍊、背帶等飾物,並配戴羽冠帽飾,上頭多採用羽毛或動物牙齒做裝飾,以彰顯其功績(圖21)。此外,阿美族男性的年齡或階級越高者,所配戴的配飾、帽冠、頭巾、腰帶、檳榔袋與其他各種飾品也會越複雜,此為社會地位區

圖17:阿美族女子霞披

圖19 左、圖20 右:阿美族女子服飾正背面

圖18:阿美族女子綁腿

圖 21：花蓮鳳林長橋部落阿美族頭目
和長老服飾和羽冠正面

圖 23：花蓮鳳林森榮部落阿美族頭目
服飾及女子盛服

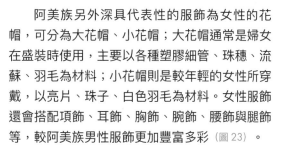

圖 22：
花蓮阿美族頭目和
長老的檳榔袋

別的標誌。其中
「檳榔袋」是在
豐年祭或重要活
動時必須配戴的配
件（圖 22），由右肩
向左腰斜掛；檳榔袋又
稱情人袋，可用來表達男女
彼此的愛慕之意；南勢阿美、秀姑巒阿美與海岸
阿美的檳榔袋以方形為主，馬蘭阿美及南方的海
岸阿美則以船形為主。

　　阿美族另外深具代表性的服飾為女性的花
帽，可分為大花帽、小花帽；大花帽通常是婦女
在盛裝時使用，主要以各種塑膠細管、珠穗、流
蘇、羽毛為材料；小花帽則是較年輕的女性所穿
戴，以亮片、珠子、白色羽毛為材料。女性服飾
還會搭配項飾、耳飾、胸飾、腕飾、腰飾與腿飾
等，較阿美族男性服飾更加豐富多彩（圖 23）。

　　儘管在傳統的記載與研究中發現阿美族的服
飾有地域上有差別，但近年來由於各個族群之間
相互融合或交流，服飾的區域辨別性已逐漸不明
顯。整體而言，阿美族的女性服飾以紅色及黑色
為主要色系，男性服飾則以藍白色上衣、黑色短
裙或紅色綁腿褲為主要裝扮。男女的裙子均有刺
繡精美的圖案。此外，若是以色彩做為區別，北
部阿美（花蓮地區）以紅、黑、白三色為主，而
南部阿美（臺東地區）則融合了卑南族衣服的形
制，並披上綴有各色穗子霞披，是以黑、紫紅、
黃、綠、紅及橘等色彩為主。

泰／# 泰雅族

泰雅族的男女服裝結構簡單且一致，按不同場合區分為盛裝與便裝。盛裝主要是指成年人於慶典或祭祀時穿用的華麗衣物，服飾特點表現在紡織布樣的複雜與華麗；便裝是指一般生活中穿用的簡單布衣。早年泰雅族的傳統服飾僅用二至三幅長方形織布拼縫一起，再橫披在身上，是一種類似袈裟造型的披風或稱「方衣」，材質依冬、夏兩季，分別採用毛質和麻質，後因逐步接受漢人的上衣樣式，加上了袖子，並用兩條紐帶繫在前面。

泰雅族的男女服飾以紅色為主，傳統觀念中認為紅色象徵血液、代表力量，是泰雅服飾中的主色；黑色、黃色、藍色、綠色則做為輔色。泰雅族以精湛的織紋樣聞名，習將條紋、幾何紋、菱形花紋織入布料或以交叉的十字花紋刺繡於布面之上。現今，泰雅族男女服裝的

圖 24：南投仁愛泰雅族女子服飾
楊高春系女士提供照片

圖 25：南投仁愛泰雅族男子服飾
楊高春系女士提供照片

主要基本架構可分為長衣（無袖、有袖）、無袖短衣、套袖、方布（架裟狀）、腰裙、胸兜、兜襠布、護腳布等六項。

　　泰雅族男女服裝的主要基本架構分述如下：（圖24、圖25、圖26）

　　① 長衣、短衣：無論有無袖或長短衣都一律無領無襟也沒有鈕釦。將兩片長條布並排後，從中央折為前後兩半，在後面、左右兩側分別加以縫合，留下腋下部位不縫做為袖口，這是無袖長衣。通常會在腰部附近裝飾橫條紅色織紋，背後部分的三分之二面積亦有紅色系橫條平行織紋，有時紅紋中加上黑紋或白紋略做變化，有時雙手袖口或手臂上膊部位也有織紋。

　　② 袖套：利用一塊長寬約 30×40 公分見方的長條麻布料使其成為圓筒狀，但僅縫一半左右，中央部位留下開口約 30～40 公分可讓雙手穿戴，通常袖口都有紅色織紋做點綴，有時也會出現黑色或素色的織紋做為變化。

　　③ 其他：帽子、兜襠布（男）；頭巾、腰裙（女）；胸兜、護腳布（男、女皆穿著）。

圖 26：宜蘭南澳泰雅族女子服飾

尤瑪達陸、林淑莉老師
技與藝的共作

今年 2022 年 4 月 16 日我到臺中市纖維工藝博物館，參加了尤瑪達陸（Yuma Taru）、林淑莉老師所合辦的「源初與心創」聯展，親臨現場可發現這是一個值得探討與賞析的織品展！即使當天開幕儀式疫情嚴峻的情況下，仍湧入了全國的藝文朋友，在館方人數管制下仍座無虛席，現場來賓似乎引頸期盼，想看一看兩位織布界非常資深老師的共作聯展會有什麼樣的呈現？遠到的來賓有屏東縣來義鄉的許春美老師，還有高雄那瑪夏的說鄔昂芳卡阿妮雅說（Nau）小姐等多位，她倆都是我們熟知的織布達人。

這次源初與心創聯展是尤瑪與淑莉兩位老師首次的攜手，整個展覽以研、析、轉、創做了四個不同的主題，兩位老師各自分工把傳統泰雅各群系的織法與服飾做了介紹，為臺灣分布最廣的泰雅族做了一次統合性的示範，讓傳統服飾的精神回到了當代，讓展場成為與當代對話的空間，因此我們就以下面四個主題來逐一介紹。

深入探究的「研」

入口的第一個區我們可以看到尤瑪所訂「研」這個主題，我個人相信，沒有「研」，後面三個主題很難發揮，也很難圓滿！因此本文也跟尤瑪進行了一場對話，談談她的創作與策展的理念。

首先我們談的是「源初與心創」這個展的意義，尤瑪自許為是對民族的一個使命。

尤瑪 1992 年開始深入部落，當時發現部落文化的流失與文獻的不足，在前輩阮昌銳老師的建議下到中研院民族所展開為期六個月的研究，尤瑪專責服飾的分析，弗耐瓦

泰雅族織事

旦（Baunay Watan）老師負責影像的記錄，兩個人同心協力發展出日後在博物館裡，不論是老件與文獻都能透過蒐集、分析、分類，來還原當初編織服飾的技法與相關背景的知識。這個「研」的工作也奠定了尤瑪與瓦旦日後田

野調查的內容與方向，更重要的是尤瑪取之於對博物館的認識，後來將博物館帶進了部落，2017 年的共作展在苗栗縣泰安鄉象鼻部落的野桐工坊，二個月的時間有 2500 人次的觀看，此創舉不僅拉近了部落與博物館的距離，也拉近了部落與老衣的關係。

尤瑪的野桐工坊過去二十年來與國內外博物館進行過多次合作的經驗，不論在織品分析、工作分配與行政作業都有一定的了解，因此多次在國內外策劃優質的織品展，而此次聯展的初心就是尤瑪的哲學重回泰雅的生命循環，泰雅族人的每一個階段都離不開織布，以人的一生與織布構成一個圓的概念，將這個理念如實的呈現在展場，尤瑪是以平紋（Cinun pala）織出了一件織品來象徵生命的圓滿。

尤瑪前面所說對民族的一個使命，這民族不僅僅是泰雅族，還包括了其他族群。在這麼多年的館際合作，尤瑪對老衣重製的經驗是很豐富的，因此其他原住民族想要正名找回傳統服飾都會來找她幫忙。尤瑪前前後後協助了卡那卡那富族（詳參卡族的織事）、噶瑪蘭族、平埔噶哈巫族、賽夏族與排灣族；而她所教的學生又何止這些民族，我相信尤瑪所意指對民族的使命是廣義的原住民族，尤瑪能協助這麼多原住民族，即在於與弗耐瓦旦老師對「研」下了深厚的功夫。

剖「析」後的說明

第二個部分是林淑莉老師的「析」。淑莉老師來自於新北市五股，她是漢人嫁入泰雅媳婦之後就跟著耆老 Yaki 學習織布工藝，後又參加多個織布研習中心，1996 年成立了個人的品牌石壁染織工坊，全心全意推廣泰雅族編織的技藝，也走上原住民族編織的文創產業。

　　淑莉與尤瑪是妯娌也情同姊妹，兩人織布的專長各有不同，因此織布領域都有一片天，尤瑪比較專注於服飾的研究、分析與重製，她與史前館合作的重現泰雅一書，將廣義泰雅的八個群系做了精闢的分析與再現，就是很好的案例。而淑莉因為過去美工出身，織布的底子又很深厚，因此從傳統出發，對材質、色彩、染織、圖紋與技術的研究，不僅讓傳統工藝得以保存，也很輕易地可以轉化朝創意產業的方向發展。淑莉與尤瑪過去有多次織布工作的合作經驗，就是沒有機會共同展出，這次的初心展就顯得非常難得。

　　淑莉是位實作的老師，多年的織布經驗讓她對泰雅傳統地機的技法做了整理，也做了研整的分「析」與分類，並示範了五個技法，平紋（cinun pala）、斜紋（snuyu）、小提花（st'lian）、浮織（sebuxan）、挑花（l'mamu），而且這些織法輔之以不同的族群系統、花紋、顏色，同時也以技法繪出各支系的分布圖。其

泰雅族織事

中北勢群的新娘禮服就非常的特殊，而且外界知道的有限，它是以紅色為主色系，以多色菱形組合的方格，極其細緻的紋樣做裝飾，新娘禮服儼然成了織者在技法上最難的挑戰，宛若織者成為新娘前最美麗的修為！新娘服是尤瑪老師最引以為傲泰雅的美感風格！

「轉」換後的應用

　　進入展場的第三個區就是「轉」。如果我們從織布的演變過程來看「轉」，很快就一目了然它必須走向當代，走進文化創意產業。但真正隱含背後的意義是要傳承與承載，而且要具備文化資產保存的價值，不是一昧地尋求創新，傳承如果夠扎實還怕不會有創新與創意嗎！根與母文化才是重點！Gaga 的精神不是典藏而是要能「轉」得出去、要能實踐！

　　淑莉老師在文化深耕上既深又誠，2013年任東河地區發展協會理事長一職，主動協助賽夏族找回自己的族服，讓社區的聲音「為自己的家人織出一件傳統服」成為2016年矮靈祭巴斯達隘十年大祭的實踐，隔年淑莉書寫成東華大學的畢業論文，這一切都是「轉」念後具體的行動。

　　能帶領賽夏族為自己的家人織出一件傳

統服，當然更可以為自己的家人織出美麗的衣裳！

初心第三個展區有六十餘件淑莉老師新創的服飾，她把對家人一絲一縷的愛以及兒子婚禮的禮服，以個人風格的婚慶服飾與當代設計做了結合，並轉換應用在我們的日常，然後如實呈現在偌大

的展場，淑莉老師說她是以辦喜事的心情來看待，更清楚呈現了「轉」換後的應用，也開創了纖維工藝所代表原住民族重要的新物質文化。

感性形式的「創」新

最後一個階段來到了「創」這個字。做了一輩子的工藝師、藝術家，尤瑪老師在開幕儀式談到自己已耳順之齡，過去三個十年曾努力的把傳統的衣服織回來，泰雅族這麼龐大的服飾體系也做了 1600 個圖紋（Patten），歷經「研、析、轉」把祖先累積的智慧也做了系統的整理與發揚，三個階段下來，回看 1992 年尤瑪從城市回到部落，當時的環境還保有一些自然生態，可是這些年來大安溪流域風雲色變，也影響了大安溪上游與中游的泰雅族；尤瑪跑了這麼多年的田野當然想要盡一份社會責任，於是以感性的方式「創」作了「島嶼四季－秋山」、還有「河殤」，這也是讓本文最感興趣的大型纖維藝術創作。

泰雅族有句老話是這麼說：「就算亂，只要找到線頭、找到活結就不會亂。」織布本身就是一個極其繁複的傳統工序，織布的每一個過程都少不了耐心和細心，尤瑪與淑莉老師這麼多年就是因為對土地的愛，在祖靈的感召下重現了臺灣原住民織布的價值；尤瑪說織布不僅是古老技藝的再現，更織出了當代的意義，這些有意義的纖維織品都是很有心一針一線、一縷一絲所創造出來的，本文深深期待尤瑪與淑莉老師下一個十年又會有什麼樣的共作？

文／
導演　李新旭

排／排灣族

排灣族的男女服飾如同魯凱族，充分展現出其嚴明的社會階層制度，大致上可分為頭目（mamazangilan）、貴族、勇士、平民等四個階級，其中貴族又因與頭目的親疏關係，約可再細分為二～三個等級。貴族服飾主要會在色澤上和刺繡的紋樣上來表示其特殊地位，尤其在盛裝時，與平民的區別最大。

此外，一般排灣族人盛裝與常服型制上基本是相同的，傳統服飾之色彩最初用苧麻編織的布料原色是白色，後來利用天然植物做為染料，產生黑色、藏紅色、淺黃色和青藍色等顏色；而服飾上面刺繡的圖紋或點綴飾物，多以紅、橙、黃、綠四色為主。色彩的運用也有限制，頭目所用的布料可為深黑、深藍或大紅色，平民則限用淺黑、淺藍或白色。

圖28：屏東斯卡羅大龜文南排灣族男女服飾

總體刺繡的紋路則以人形紋、獸形紋、植物形紋、幾何形紋為主，著名的圖騰有人頭、人像、百步蛇、山豬、菱形、太陽、蝴蝶等，這些紋飾常常布滿在整套男女服飾上（圖27、圖28、圖29）。排灣族傳統男女服飾中的飾物多限於貴族使用，包含鮮花、羽毛、皮毛、獸牙、鷹羽、豹牙、豹皮、琉璃珠、貝類等（圖30）。

圖27：屏東三地門青山部落北排灣族男女貴族服飾

圖30：屏東三地門青山部落北排灣族女子貴族服飾上的羽毛等飾物

圖 29：屏東三地門青山部落
北排灣族與霧臺魯凱族的頭目
貴族世家男女結婚禮服

排灣族男子整體服飾，主要是頭戴頭飾，上身穿著對襟圓領長袖短上衣，夏天或著短背心；下身著短裙，身體的外部斜披一件長方形的披肩。如遇重大的儀式活動時，則戴上禮帽、著長背心、在短裙外加穿後敞褲、配上肩帶與禮刀（圖31）。男性盛裝時的短上衣，多施以精美且華麗的刺繡與紋飾（圖32）；男性披肩，以夾織的布製成（圖33）；男性套褲，主要以紅黃綠等顏色綴製而成。

圖32：屏東三地門青山部落北排灣族布滿刺繡與紋飾的男子短上衣

圖34：屏東泰武佳興部落排灣族女子平常服飾

圖35：屏東泰武佳興部落排灣族女子盛裝服飾

圖 33：屏東三地門青山部落北排灣族男子披肩

圖 31：屏東大龜文南排灣族男子服飾

排灣族女性整體服飾中的平常服，包括有頭巾、上衣、腰裙、綁腿、手足套等，其中上衣的形式類似漢服，是連身長衣開右襟加上長窄袖，下身著單片式長裙，小腿綁上護腳布，綁頭巾、精緻頭環或額帶（圖34）。女性的盛裝與常服形制上相同，只是盛裝服飾上會改戴花頭飾，整套服飾均綴有華麗的刺繡和夾織（圖35、圖36）。

圖 36：屏東三地門
青山部落北排灣族
布滿刺繡與紋飾的
女子盛裝服飾

　　不過，因為族群的遷徙，根據目前居住地和服飾文化的表現異同，排灣族約可再細分為北排灣、中排灣、南排灣和東排灣等四群。屬於北排灣的拉瓦爾（Raval）群主要居住在屏東三地門境內，是排灣族中唯一不舉行五年祭的社群。

　　此外，由於毗鄰屏東霧臺的魯凱族，加上兩族通婚，北排灣的服飾受魯凱族的影響很大（圖37、圖29），例如會配戴百合花。中排灣則保留了許多古老的習俗與宗教儀式，尤其是屏東來義被視為是排灣族人目前傳統祭典文化最興盛的區域。南排灣位於屏東牡丹和滿州兩地，由於鄰近平地，受到漢族與阿美族文化的影響甚深（圖38、圖39）。東排灣的巴卡羅群（Pakarokaro）泛指居住在現今臺東地區的排灣族，包括達仁、大武、金峰和太麻里等境內，東排灣混合了卑南族和阿美族文化，在服飾上呈現了三個族群的混合體。

圖37：屏東三地門青山部落北排灣族女子服飾及頭飾

圖38：屏東牡丹部落南排灣族男女服飾

圖39：屏東大龜文南排灣族女子服飾

布/布農族

布農族男性的上衣服飾主要有兩種類型：

① 以白色為底的無袖外敞衣，衣長及於臀部，在前襟、後襟、腋下織上花紋，另在背面腋下部分，施以一道橫向寬邊挑織花紋（圖40、圖41），再搭配胸衣、胸袋（或稱腹袋）（圖42）及黑短裙（圖43）。

② 以黑、藍色為底的長袖上衣，在前襟、肩部及手臂縫繡多種顏色的圖騰或花邊，下身搭配黑短裙。服飾上的圖騰與線條多以百步蛇背脊紋為主，即菱形紋及其變化紋為輔的幾何圖案，布農族稱百步蛇為 Kaviaz，是「朋友」的意思，並且認為那些條紋具有避邪的象徵。另外，布農族男性也經常會利

圖43：臺東延平布農族男子服飾

圖40：花蓮古楓部落布農族男子背心正面

圖41：花蓮古楓部落布農族男子背心背面

圖42：花蓮崙山部落布農族男子胸袋

51

圖 44：南投達瑪巒部落布農族男子服飾及獸皮額飾

用動物的皮革製作成雨衣、禦寒衣物或皮帽等。男性的配飾不多，以項鍊為主，獵人則會將山豬或山羌的牙齒拿來串成項鍊，或是放在帽子上做飾品，以彰顯獵人的功績（圖 44）。

布農族女性傳統服飾早期是以苧麻為主要材質，後來受到漢人的影響也開始使用棉布，上衣是長衣窄袖形式，以黑色、藍色為底色，衣飾滾邊刺繡，下身穿著圍裙膝褲，顏色也是以黑藍為主（圖45、圖46）。女性早期頭飾僅是以一條單色或繡有紋樣的綢布或棉布圍住頭部做為頭飾（圖47）；發展迄今改以紅色或黑色的綢布或棉布帶為底，再以琉璃珠、通心軸、貝珠、銀飾等穿綴其上，做出花紋帽邊，下緣再縫上串珠、銀片或鈴鐺（圖48）。布農族傳統女性服飾也會配掛項鍊、耳飾、肩飾與腕飾等，材質多以貝類、琉璃珠或玻璃珠所製成（圖49）。

左圖 45：花蓮崙山部落布農族女子服飾／曾春滿攝影
右圖 46：花蓮古楓部落布農族女子服飾／曾春滿攝影

圖 47：花蓮古楓部落布農族女子傳統頭巾／曾春滿攝影

圖 48：臺東延平布農族女子頭飾及配飾

圖 49：花蓮海端布農族女子頭飾及配飾

卑／卑南族

卑南族的服飾男女有別、長幼有別、社會階級亦有分別。服飾的嚴明區別，不僅強化了身分與社會階層的認同，也表現出分明的社會關係。其中，卑南族男子服飾中以青年人的服飾最華麗，以藍、黑、白三色為主色的上衣，下搭是一塊矩形布所圍住的短裙，腹部緊紮著一條織布寬帶，再加上綁腿褲，衣飾上布滿白銅飾物和刺繡；年長者穿著布滿菱形紋、紅色系為主的無肩背心，加上短上衣；少年服飾，不穿上衣，下半身圍藍布；頭目和祭司在盛裝時戴上有羽冠和獸骨的頭飾，以展現其特殊的社會地位（圖50）；一般男性則僅著黑色腰裙、粗布短衣和纏頭巾。男性裝飾品包括有雙條銀鍊子、琉璃珠頸飾、胸飾、銀製手環以及綴有極小型琉璃珠的豬牙徽章頭帶等。

依據臺灣學者李莎莉推論，卑南族男性華麗的裝飾品，極可能因地理區位接近而受排灣族或魯凱族影響。而人人在頭上戴花草環也是卑南族最為外人所熟知的族群標誌，它代表著男性成年意義；男性頭上若戴有層疊在一起的數個花環，表示受到族人的

圖50：臺東卑南族頭目盛裝時的頭飾

圖51：臺東卑南族老年男子服飾與層疊花環

尊敬與愛戴（圖51）。對於未成年男孩及守喪者，則只能配戴採用山上蕨類所編成草環。在慶典活動中獲得很多花環的人表示社交關係良好。

卑南族男性到了青年階段可以穿上完整的服飾，主要基本架構分述如下（圖52）：

① 頭巾：首領和祭司在盛裝時會戴著綴有羽冠的頭帶，一般人僅纏頭巾，頭戴白色頭巾則代表未婚。

② 上衣：長袖短襟，黑色對襟，綴有五個紐扣（表示晉升成年）。

③ 黑短褲：前襠與褲腳皆有繡邊。

④ 套褲：僅首領家族穿戴，前腿部分採用紅、黃、黑等色線排繡製成。

⑤ 腰袋：用花色線織成條紋的袋子，繫於腰間。

⑥ 檳榔袋：袋上有刺繡及飾穗。

卑南族女性服飾則以身穿白、黑色上衣，加上刺繡胸兜和花色長裙為主。傳統女性會纏頭巾、穿長袖上衣、外搭胸兜、下身穿開襟刺繡花長裙、內搭長褲及束綁腿。卑南族女性不分年齡均能夠戴花環，過去為了避免直接配戴造成頭部痛癢，會先戴上一條以布製成的額帶，現在則改以黑絲襪、頭巾或帽子替代（圖53）。青春期女性在飾物上有項飾和長腰帶，未婚女性會飾有一種五顏六色的彩帶披在右肩後方，稱「勒葛勒卡班」，代表美麗之意。女性巫師則有特別的紅色夾織披肩，背後綴有彩色穗帶。

圖52：臺東南王部落卑南族青年男子服飾

圖53：臺東卑南族女子花帽

　　總體而言，卑南族女性的裝飾物有綴以銀鈴及小珠子的頭帶、花環、銀製髮簪、白銀胸飾、銀手環、瑪瑙珠串胸飾、琉璃珠胸飾以及珍珠或圓形塑膠珠串胸飾等等（圖54）。

　　卑南族女性服飾以適婚少女衣飾最為完整，主要基本架構分述如下（圖55）：

　　① 頭巾：印花方巾，對折成三角形，包在頭上。

　　② 上衣：與男性上衣相似，以白布滾邊。

　　③ 胸兜：漢式剪裁加上精工刺繡。

　　④ 長裙：長方形黑布，以紅布或白布做裙帶，下緣滾邊，刺繡裝飾。

　　⑤ 綁腿：二塊方布，四角綴帶，綁在小腿上，普通用黑色，亦有用藍印花布縫製。

圖 54：臺東卑南族女子花環及胸飾

圖 55：臺東南王部落卑南族少女服飾

魯/**魯凱族**

圖 56：屏東霧臺好茶部落魯凱族男女貴族服飾及頭飾

　　魯凱族男女服飾擁有嚴謹的社會階級制度，分別為頭目、貴族、勇士和平民等四個階級（圖 56）。男性傳統服飾，分別有皮帽、頭巾、短上衣、肩帶、披肩、腰裙、腰帶、

圖 57：屏東霧臺魯凱族男子勇士服飾及配飾

鹿皮衣、鹿皮套褲、煙帶、火藥袋等（圖57）；男性飾品種類繁多，包括項飾、頭飾、肩飾、手鐲、耳飾、腰飾及腳飾等。男性上衣形制以黑或深藍為底色，前襟右方多加了一塊繡片，長度不到腰部，下半身繫一條單片式短裙，貴族階級服飾則常見繡滿各式花紋。尤其，魯凱族刺繡技藝精湛，其中一項刺繡技法為臺灣原

住民族族群中所特有，難度甚高，稱為緞面繡，自古以來廣受珍視，顏色以紅、黃、綠為主，繡片部位多置於領圍、袖口、裙襬、前襟等處（圖58）。

魯凱族女性傳統服飾，分別有頭巾、長袖長衣、長片裙、腰帶、綁腿、霞披等（圖59）；女性飾品則有花冠、耳飾、頸飾、頸鍊、肩飾、臂環、腕環等，多以琉璃珠、貝串、銅鈴為主要材料。女性服裝顏色多元，貴族以黑色系為主，其他階層可見於其他色系。整體女性服裝亦綴滿刺繡、貼飾等華麗的裝飾技法（圖60、圖61）。

圖58：屏東霧臺魯凱族獵人服飾及頭飾繡滿花紋

圖60：屏東禮納里好茶部落魯凱族女子服飾及刺繡頭飾

圖61：屏東青葉部落魯凱族女子服飾及頭飾

圖59：屏東青葉部落魯凱族女子服飾及頭飾

圖 64：屏東青葉部落魯凱族女子服飾及百合花頭飾

圖63：魯凱族頭目百合花獸骨頭飾

魯凱族與排灣族服飾的式樣及色彩相似，之間最大的不同差異就是百合花飾。百合花是魯凱族的族花，有神聖、高貴、聖潔之意，在魯凱族人的心中，百合花除了視覺上的美感之外，精神層次上的冠冕和獎賞更勝一籌（圖62）。就男性而言，百合花代表是擅於狩獵的勇士（圖63）；就女性而言，代表貞潔（圖64）。因此傳統上只有勇士和守節的女人，才可以配戴百合花飾。

正式的百合花飾是百合花中間夾飾有紅色金鳳花，這是貴族才允許的配戴方式，而平民必須經過「配花權儀式」（kialidrau）認可後方能配戴。另外，陶壺、百步蛇紋、蝴蝶紋也是魯凱族人常用的裝飾圖紋。而魯凱族植物頭飾中的小米頭飾、花生頭飾，則是臺灣原住民族群中所獨有的。

圖62：魯凱族的族花百合花

穿出我家的驕傲
穿出滿滿的愛

青葉是屏東魯凱族的部落，也是我經常去的部落。

第一次接觸青葉是拍攝文手耆老，2015 年還有好幾位文手長輩，當時紅藜奶奶也是我拍攝的對象，而且是多次的造訪。直到 2019 年的 6 月 28 日，我帶著波斯頓 (Boston) 的朋友到青葉品嘗張誌紜小姐的美食後，我才知道之前拍攝的紅藜奶奶是誌紜的阿嬤！

將漢人的龍也繡上——阿嬤的傳家之寶

　　過去大家生活都不容易，每個家庭為了表示還有能力，都會想方設法製作服飾；魯凱族的衣服裝飾喜歡串珠珠，因為這可以減少繡製所花費的手工，而且在衣服的邊邊縫上珠珠既好看又立體，再搭上紅黃綠的配色更是鮮艷好看。

　　誌紜的家族也不例外，喜歡別出心裁設計有特色的紋飾，誌紜的阿嬤早年就會採用黑色以外的顏色製作衣服，例如紫色、綠色。有意思的是誌紜阿嬤對漢人的龍很有興趣，她憑著印象加上創意將龍繡在緞綢絨布上，誌紜阿公及舅舅的衣服都有繡，而且在龍的邊緣縫上亮片顯得龍身閃閃發亮，當時的部落領袖看了很不以為然，卻又很喜歡的樣子，希望衣服能送給他，但是誌紜阿嬤很捨不得，這麼多年下來這幾件繡有龍的衣服都還保留著，可稱之為傳家之寶了。

　　就因為紅藜奶奶、誌紜的母親都很會做衣服，魯凱族也是一個

魯凱族織事

很會疼惜女兒的民族；誌紜說因為一代疼惜一代，從小就穿者媽媽滿滿的愛，媽媽曾經在誌紜還是小姐的時候，為她縫製設計的衣服就超過百件。這些衣服不全是傳統服，而是有民族風帶一點時尚且多樣的型式，就如誌紜在照片中所穿的套裝是那麼的優雅，顏色也是魯凱族近代的色系，這就是如誌紜所言的獨特性，穿出我家的驕傲，穿出滿滿的愛。誌紜的母親現在還會為誌紜的孩子製作衣服，因為誌紜的巧手與心思不在服飾，而在於她多年用心經營的美食。

共識，是創新與部落階序的關鍵鑰匙

魯凱族色系與款式開始多樣化的原因，是因為部落各家族喜歡獨創，而且該家族必須在部落擁有一定的身分地位，部落領袖無異議的情況下各種創想開枝扇葉，或許很多關注文化的人不以為然，認為尊重部落的傳統才是核心價值，但對青葉部落而言，傳統的服飾仍然是部落最高的認同；例如在傳統祭儀仍以傳統族服為大家的遵守，婚禮等歡樂的場合是可以接受服飾的多樣，這也是為什麼青葉會以魯凱神話藝術村稱之。但有鑑於近年來部落階序的紊亂，頭飾的配花也出現了不合階級的配戴，例如青葉獨特的太陽花就是，百合是魯凱族共同的尊崇，從百合向上延伸一枝獨秀的太陽花是青葉至高無上，不可以隨便配戴的。

文化是我們生活經驗的累積，規範是我們生活中共同的遵守，文化若要長存且能得到外界的肯定，部落的凝聚與共識才是關鍵中的關鍵！這不是只有青葉的問題，這是臺灣所有獨立的民間團體與社區部落所需面對的問題。

文/導演　李幼明

鄒/鄒族

圖 65：嘉義阿里山鄒族男子盛裝服飾及胸衣

　　鄒族男性盛裝時，上半身服裝主要是紅色長袖上衣，據說因為紅色是戰神最喜愛的顏色，並且搭配胸衣（或稱胸袋）、皮肩衣及火器袋，而胸衣是男性重要配件，使用紅、黑、黃褐色線，織出菱形、三角形、十字形等等幾何花紋（圖 65）。平時男性不穿紅色上衣，僅會掛胸袋及皮肩衣。下半身不分場合均穿著前遮片的皮套褲，再加上後敞褲遮住大腿前側。鄒族尚未成年的少年，通常是利用黑色頭巾纏在頭上；成年後方可戴上皮帽，成年男性的基本穿著為頭戴鹿皮帽、掛胸兜、著皮披肩、皮鞋、佩腰帶、掛腰刀（圖 66）。

圖 66：
嘉義阿里山鄒族
男子皮帽、皮衣
及皮鞋

圖 67：嘉義阿里山
鄒族男子皮帽

圖 69：嘉義阿里山鄒族
勇士臂章及服飾

圖 68：嘉義阿里山鄒族勇士鷹羽頭飾及服飾

　　其中，皮帽也是鄒族男性的重要服飾，主要是利用兩片鹿皮縫製而成，平日並不會戴上，只有男性接受成年禮後才能配戴（圖67）；而頭目、勇士等則會以珠玉、貝殼裝飾皮帽；通常著盛裝時，皮帽的頂上會插上鷹羽或鷺羽毛一至四根（現在多使用帝雉的羽毛），以彰顯男性的勇敢（圖68）。男性飾品之一的臂飾在鄒族社會中也具有特殊意義，傳統上唯有曾與山豬搏鬥而獵獲者才可配戴並擁有此一榮譽（圖69）。

鄒族女性傳統服飾包括刺
繡頭巾（成年婦女則以黑布纏
頭）、額帶、長袖短上衣、胸兜、
藍衣黑裙、腰帶、護腳布（又稱
護膝、膝褲）（圖70）。現代女
性衣裳則受到漢人影響，通常會
在領口、前襟兩邊、衣服下襬及
袖口處加上滾邊，利用紅、黃、
藍等顏色繡上花紋，先縫貼有色
布塊，然後在邊緣挑繡彩色圖
紋，這些彩色圖紋是與男性胸衣
相似的幾何花紋。

女性的胸兜是以棉布或毛料
製成，以白色為底的長方形布
塊，無口袋；腰裙則將兩塊黑
布由左右兩方纏於腰部，再綁上
腰帶；膝蓋下方則會捆綁以黑布
製作的綁腿（或稱護
腳布）；女性的頭巾
是圍上兩端刺繡或裝
飾花球的黑布頭巾（圖
71）；另外，女性在婚
禮或慶典時，會配戴
用珠子裝飾並有挑織
紋樣的額帶，取代平
日之頭巾。

圖70：嘉義阿里山鄒族女子頭飾及服飾

圖71：嘉義阿里山鄒族女子花球頭巾及服飾

賽/賽夏族

圖 73：苗栗南庄向天湖部落賽夏族矮靈祭中的姓氏旗（舞帽）

賽夏族是典型的氏族社會，氏族曾是族群活動中的基本單位，但因時間久遠和古姓絕嗣，如今已無法明確辨認出傳統賽夏族氏族的確切數目。現今賽夏族的社會組織，依實際生活及宗教活動的需要，主要分為「家戶」(dau-an)、「家族」(aha vake)、「祖靈祭團」(aha pas-vake) 以及「姓氏祭團」等四類族群活動單位。

其中，「家戶」是舉行播種祭時的活動單位、「家族」為各部落內掃墓和祭祖時的活動單位、「祖靈祭團」則是各姓氏於部落中的祖靈祭活動團體、「姓氏祭團」則是指

圖 72：苗栗南庄向天湖部落賽夏族矮靈祭中的臀鈴

少數掌有全族性祭儀司祭權的姓氏，所組成的跨越部落之間的活動團體。在各項祭典期間，每個氏族都會有一位成員背著臀鈴繞著祭場表演。臀鈴是賽夏族人的特殊樂器與裝飾，傳統材料主要是由竹管與薏苡的果實穿綴而成，現代有些臀鈴則選用銅管代替竹管（圖 72）。

除了臀鈴，舞帽也是賽夏族祭典中各個氏族的代表，通常由族裡的男性負責肩扛狀似旗子的舞帽繞行於祭場，因此又稱為姓氏旗或肩旗，南、北族群的造型不同，舞帽上面皆標誌有家族的姓氏（圖 73）。

此外，賽夏族傳統服裝並沒有嚴格的性別與階級差異，男女服飾中均頭綁黑頭巾、著上衣、背心、胸衣、腰帶、披肩、腰裙、護腳布等，顏色以素色麻布為主，棉布次之，近代則大多使用方便取得的尼龍毛線混合織布。賽夏族人只有在祭祀和訪問親族時，才會盛裝穿著紅、黑、白三色夾織的衣服，再配戴各種精美飾品。賽夏族男女服裝的主要基本架構分述如下 (圖74、圖75、圖76)：

① 頭巾：傳統上由黑棉布製成。

② 上衣：上衣為長達膝部的對襟上衣，由兩幅麻布對折縫成，背部縫合，前面對開，兩邊上衣留袖口，腋下縫合，背與前下部夾織花紋；另外也有一種上衣為帶袖的長袍。男女通用背心則是由兩幅布二折縫成，前後夾織花紋，這是傳統賽夏族衣服中最基本的類型。另外，在工作時則通常穿著全件白色無花紋或麻布的原色長上衣。

③ 胸衣：男女皆用的胸衣為菱形方巾，夾織花紋。

④ 腰帶：傳統上由麻線織成的腰帶，是用來繫束上衣。

⑤ 披肩：傳統上由兩幅麻布縫成，再披掛肩上。

⑥ 腰裙：男女皆會穿著黑棉布腰裙，女性腰裙則通常在下緣綴飾小鈴鐺。

⑦ 護腳布：男女皆會穿綁護腳布。

圖74：苗栗南庄賽夏族男子服飾（正面）

圖75：苗栗南庄賽夏族男子服飾（背面）

圖76：苗栗南庄賽夏族女子服飾

左圖 77：苗栗南庄賽夏族臀鈴
右圖 78：苗栗南庄賽夏族舞帽又稱肩旗

祭典時女性所穿著的由深色棉布製成的綁腿布，也會在下緣綴以小鈴鐺。

⑧ 臀鈴：賽夏族矮靈祭時專用的臀鈴，主要是用來製造音效，男女皆可配戴。臀鈴形狀多數呈三角形，中央主體部分以棉布包裹，外面裝飾小鏡子、珠子、亮片等。下緣縫綴珠鍊垂鈴，再垂吊竹管、子彈殼或銅管、不鏽鋼管，並以布條或緞帶跨過雙肩繫於背腰後，讓下擺垂吊飾物，配合舞步擺動，發出叮噹作響的舞奏與音效，故臀鈴又稱「背響」（圖77）。

⑨ 舞帽：舞帽又稱為姓氏旗、肩旗、月光旗、祭帽，是以姓氏為單位，由同姓氏的族人合力製作完成。矮靈祭祭典中常見的特有大型舞帽，可分為北群和南群兩種形式。北群外觀呈現立體圓弧形、漏斗狀，故又稱神傘或月光旗；南群的形式則呈現扇形（惟有潘姓的肩旗例外，呈現與北群相同的漏斗狀）或長橢圓形。當矮靈祭歌舞進行中，各姓氏家族的年輕力壯男性會背扛著舞帽，在蛇行的舞隊中穿梭，具有導引與標誌氏族的作用（圖78）。

雅/雅美（達悟）族

在族群名稱上，部分族人也另外使用「達悟」（tao）一詞，是臺灣地區唯一分布在蘭嶼離島的海洋民族，其服飾與臺灣本島的原住民族，所習慣採用的多樣性裝飾或色彩鮮豔性顯著不同。不過，雅美族的服裝在臺灣原住民服飾中，其實是最具傳統「方衣」的特色，但是色彩簡單，多以白色、黑色、灰色、淺藍或藏青色相間的條紋織造而成，顏色較鮮亮的一面反而是衣服的裡布，較素暗的一面則是為衣服的外布（圖79）。因為雅美族人傳統上認為太多的顏色容易招致禍端，所以使用的顏色非常樸素。

總體而言，傳統的藍白相間的對襟短背心以及丁字帶（或稱丁字褲）才是雅美人的服飾標誌，也是足以適應海上生活的男性日常服裝。丁字帶區分為三個種類，慶典時必須穿著全新的（圖80）；旅行、聚會、休閒時穿著半新半舊的；工作時則穿著用舊布料所做成的丁字帶。雅美族男性平時的服裝僅以腰布為丁字帶，無衣無履，夏季炎熱時頭戴籐盔以避炎陽；外出拜訪、耕作或出海時會穿著簡單的無袖背心、兜甲、藤製背心、纖維蕉背心、蘭嶼竹芋背心、椰鬚背心等。

圖80：臺東蘭嶼雅美族男子丁字褲

73

　　其中藤製背心、椰鬚背心、竹芋背心更是臺灣十六族服飾中所獨有，雅美族也是唯一會用棕櫚纖維織布的原住民族。盛裝時的男性服飾則頭戴特製的銀盔、手上戴銀環，胸前掛瑪瑙或貝殼製等飾物，並配禮刀；銀盔是一種用銀元敲成薄片，再將銀片重疊連結而成的「全罩式」帽子，僅在眼睛處開方孔，是雅美族男

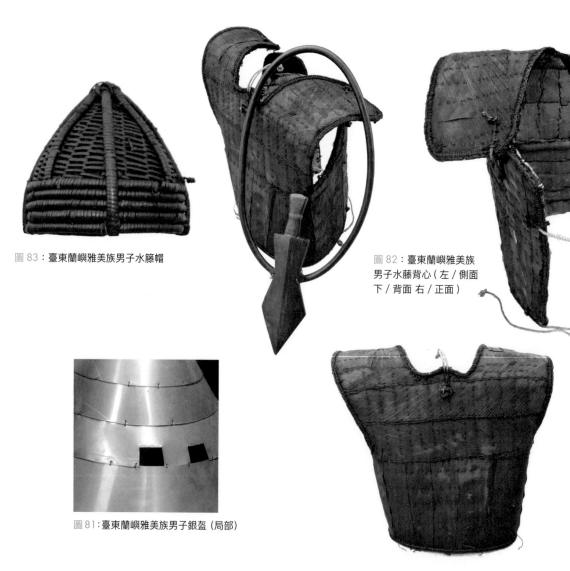

圖83：臺東蘭嶼雅美族男子水籐帽

圖82：臺東蘭嶼雅美族
男子水藤背心（左/側面
下/背面 右/正面）

圖81：臺東蘭嶼雅美族男子銀盔（局部）

性裝飾品中最珍貴的傳家之寶（圖81）。另外於葬禮、械鬥與祭典時，男性則盛裝穿著以水藤為襯，其上縫綴魚皮的盔甲衣（戰甲）與帽子，魚皮藤甲、魚皮藤帽又稱水藤背心（圖82）與水藤帽（圖83），此為臺灣原住民服飾中所獨有的。

圖 84：臺東蘭嶼雅美族女子服飾及頭飾

　　雅美族的女性服飾則是簡單以斜繫手織方巾配上短裙，夏天頭戴木盔，無履。女性上衣就是以天然麻或香蕉葉織成的大方布一塊（約 0.3 公尺），自左肩至右腋下圍裹其身，傳統手織布均以白色為底，再搭配黑色或藏青色的條紋，女性服飾上的條紋一般都用偶數（八、十或十二條紋），只有少數不畏禁忌的老人才用奇數（十一或十三條）；下身則橫圍腰布成為短裙，長度自腰到膝蓋上 5 吋處，小女孩只圍一片，年長後才使用三片布並排縫合，腰間則會繫上一條麻繩，可將裙緣反摺使之不下滑。

　　近年來因與外界接觸日漸增多，為了舞臺表演之需，也開始在男女服飾上增加亮色彩；例如，年輕男性的服裝會穿著邊緣滾上白色、黑色邊，再縫上白鈕釦的白色或穿紅色短背心。雅美族女性服飾則出現紅、黑或深藍色棉布製成的短上衣，再滾上白、紅布邊，或白、黑布邊或花布紋邊，甚或出現紅色方巾滾上白色、黑色布邊，或白棉布短上衣周邊滾上黑色、紅色布邊等等變化，或再縫上白色鈕釦加以裝飾（圖 84）。

雅美族的衣著形制雖然簡單，但卻是臺灣原住民族中織造技術很發達的一族。雅美族傳統製衣的原料主要以白葉仔麻和瘤冠麻織成，織紋達十三類、十七種之多，例如緯山形斜紋、菱形斜紋、緯重平組織、混合組織、飛斜紋組織等；傳統上有些花紋是年長者才能使用，但近年來織紋的使用會跟著年齡、性別以及個人審美觀而有所不同，使用的界線與劃分遂趨於模糊。

雅美族的飾品種類也很多樣，大致可分為頭飾、髮飾、耳飾、頸飾、胸飾、手飾與腳飾。在頭飾方面有禮帽與工作帽兩種，工作帽是外出拜訪、耕作、出海或驅除惡靈儀式時所戴的一般籐帽，籐帽有笠形、帽盔形等數種（圖 85）；禮帽則有銀盔、木盔（木片製的八角形禮帽）和椰鬚禮笠（圖 86、圖 87）（椰子殼製的禮帽）等三種，禮帽只有受族人敬重的男女才能配戴。髮飾是用竹子製成，一方面做為梳子，梳完頭髮後往頭上插則成了髮飾；頸飾、手飾、腳飾是以瑪瑙、玻璃珠、貝殼串起，加上島上特產的山羊毛或果實；耳飾、胸飾則由金、銀、黃銅或螺殼打造，雅美族人善用各式各樣的飾品，為其簡單的整體服飾增添美感。

圖 86：臺東蘭嶼雅美族椰鬚禮笠（裡面）

圖 85：臺東蘭嶼雅美族工作用藤帽

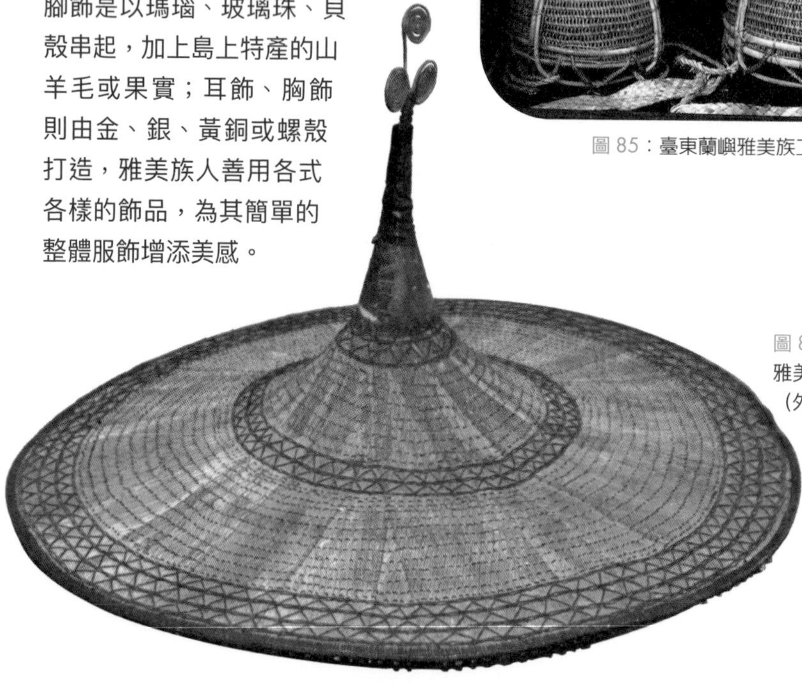

圖 87：臺東蘭嶼雅美族椰鬚禮笠（外面）

邵/邵族

邵族男性服飾上衣形式為無袖外敞衣，以白色或藍色為底，使用的花邊顏色以褐、藍、灰及黑色為多；其胸前會配掛一塊襯著白麻布的幾何圖形胸袋，下身穿著腰裙、長套褲以及皮革鞋（圖88）。配飾大致包含頭箍、頸鍊等，邵族整體服飾與鄒族類似，唯一較為明顯差異是胸袋前的織錦圖紋具有族群識別的特徵，也是邵族傳統編織藝術的代表（圖89）。

圖 88：南投日月潭邵族男子服飾及配飾

圖 89：南投日月潭邵族男子頭目服飾及胸袋

圖90：南投日月潭邵族男子胸袋上的八角星形紋

圖91：南投日月潭邵族男子皮帽及額帶

邵族以織縫「達戈紋」的織錦聞名而被清代的史料所記載，傳統達戈紋是麻線（或樹皮）加上狗毛織成的布匹，之後轉為採用較容易取得的棉毛等線材。比較特別的是，在日治時期的邵族男性胸袋前的織錦，亦曾出現與他族文化採借的「八角星形紋」（圖90）。此外，在男性頭上多會披戴鹿皮或兔皮製成的皮帽，並以額帶固定，傳統的額帶是用麻繩或藤條做成且放上貝殼、貝片等裝飾品，或插上羽毛或葉子（圖91）。有些男性會配戴用豬牙製作而成的臂飾，但只有勇士才有資格配戴。

邵族女性服飾主要是穿著藍色的長袖上衣，並搭配胸衣、腰裙、腰帶、膝褲（或稱綁腳布）（圖92）。而胸衣是指連身的長衣，也具有裙子的功能，由兩片長度到膝蓋的長方形棉布製成，相互斜繫於左、右肩上，再繫上腰帶；女性腰裙過去主要是「兩片裙」，現今演變為方便穿脫

圖 93：南投日月潭邵族女子傳統服飾及花草額飾

的「一片裙」；膝褲長度自膝蓋下至腳踝上，寬可包住小腿部，以約 30 公分之方布製成，上邊兩端附有紐繩，將上端兩繩交叉，繞至前方打結，下端不附繩帶，任其開敞。

此外，邵族女性還會戴上用花草編成的花冠、頭巾以及額飾，傳統頭巾是使用黑棉布製成，額飾則用紅布條或黑布條為基底，上面縫有亮片和珍珠，在耳鬢位置會縫掛小珠子和流蘇，綁帶則繫在腦後（圖93）。

圖 92：南投日月潭邵族女子服飾及額飾

噶瑪蘭族
噶

依據古籍噶瑪蘭族傳統服飾主要有兩種，一種開襟短丈的無袖衣，一種是披掛於身上的方布衣。而手工織布亦曾是噶瑪蘭族相當重要的傳統工藝，早期噶瑪蘭族人穿著與其他南島民族類似，多在下半身利用織成的樹皮衣來遮蔽，材料多取自天然纖維或動物皮毛。

圖94：花蓮豐濱新社部落噶瑪蘭族香蕉絲工坊及製品

噶瑪蘭族最珍貴的傳統技藝為香蕉絲織布，是由香蕉樹取其莖瓣，曬乾撕成絲後的一種編織技藝 (圖94)。香蕉絲布衣適合熱天時穿著，也可以製成背袋、檳榔袋等配件。噶瑪蘭族獨特的香蕉絲方布織造技術，約可追溯至十九世紀末期，馬偕傳教士進入宜蘭蘭陽平原傳教時，所蒐集保存的一些噶瑪蘭族傳統香蕉絲服裝。目前，在花蓮新社的噶瑪蘭婦女，仍努力保存著罕見的傳統香蕉絲織布法。

噶瑪蘭族人善用植物纖維，一般會依製作物品的不同而選用不同特性的植物，製衣多用山苧麻、苧麻；製袋則多用水龍、香蕉樹、構樹，以及一種名為 Velanun 的野生樹。

圖95：花蓮豐濱新社部落噶瑪蘭族香蕉絲服飾

只是居住平地歸屬平埔族的噶瑪蘭族
人，因為受漢人生活方式影響，費時
費工的傳統織布多已失傳。所幸，近
代原住民族復名運動後，花蓮新社部
落重製了噶瑪蘭族的傳統服飾，少數
族人運用傳統技法，以現代織布機將
香蕉絲重製成滾邊齊肩無袖衣物（圖
95）、攜物袋（檳榔袋）、帽子等服飾
物件。

　　目前，噶瑪蘭族所穿著的傳統服
飾以黑白兩色為主（圖96），上衣具
有漢服的形制，其中年長者為全黑打
扮，族人認為男性必須在從 tama na
sabasayan（青年之父）的年齡階級，
晉升至 lubang（長老群），才有資格穿
著全身黑色的服飾；傳統的女子腰裙，
以黑、紅、藍為主色，其上裝飾綴珠
垂鈴，圖紋以挑織的菱形、米字、曲
折形與八瓣花葉形等為主（圖97）。此
外，噶瑪蘭族的男女飾物包括有冠帽、
頭巾、頭飾、額飾、耳飾、頸飾、臂飾、
腕飾、手鐲、足飾及綁腿等。但傳統
冠帽僅以裝飾性的草、繩、藤、竹、
布巾等材料來盤髮或束髮，現今則有
藤編帽子取代（圖98）。

圖 96：花蓮豐濱新社部落噶瑪蘭族女子服飾

圖 98：花蓮豐濱新社部落噶瑪蘭族現代藤編帽子

圖 97：花蓮豐濱新社部落噶瑪蘭族男女服飾

噶瑪蘭族織事

原來噶瑪蘭的衣服
不是只有黑白

　　臺灣原住民每一族的服飾都有色彩，唯獨噶瑪蘭只有黑白，當 2020 年 4 月 7 日我來到花蓮新社香蕉絲工坊，竟然發現噶瑪蘭服飾不是只有黑白，而是有色彩，真讓我驚訝！原來這是有故事的。

　　當天我來工坊看見潘靜英老師身上所穿的衣服是有顏色的，這套衣服來自臺大胡家瑜教授在 2011 年加拿大皇家安大略博物館所發現，而這套衣服據說是馬偕博士帶回加拿大，而又被博物館收藏，這麼多年之後因緣再現，才讓潘靜英老師能有機會重製穿出這麼美麗的故事，這麼美的服裝，原來噶瑪蘭的衣服不是只有黑白的。

　　時間淬鍊了噶瑪蘭，噶瑪蘭也抓住了時間的契機，噶瑪蘭在歷史上早有紀載，織布就是其一。

噶瑪蘭──有如香蕉絲韌性的族群

臺灣原住民早期不論是服飾或背負農作的工作袋都是就地取材，這也是原民很重要的生活技能。噶瑪蘭的編織早在 1852 年的《噶瑪蘭廳志》就已記載，可惜在 1878 年加禮宛戰役後，噶瑪蘭與撒奇萊雅因清軍圍剿而消失，並寄人籬下──阿美族，整整一個半世紀成了靜默的族群，因此香蕉絲文化也無法彰顯！

一個族群的偉大在於她韌性的本質，一百多年來噶瑪蘭族隱名埋姓，但仍守護珍惜著語言與生活習俗，這是噶瑪蘭族 2002 年 12 月復名後今天仍能昂首闊步、昭告天下我族文化的重要原因。

香蕉絲織布的再現

加禮宛戰役後的百年香蕉絲工藝仍然沒有斷過，當時 1965 年阮昌銳教授在東海岸調查，噶瑪蘭族人遍及花東的鄉鎮村莊有二十二個之多，二百二十五戶、一千二百八十九人，這足以說明族人雖然散居，但是不忘本也沒受到阿美族影響的還有這麼多人！沒想到 1968 年濱海公路臺 11 線開通後，新社族人及婦女都往外發展，因此原本還存有的香蕉絲文化變得無人聞問，工業大量生產的服飾與廉價的織品快速的取代了手工製品！

1987 年香蕉絲終顯生機，日本學者與商人慕名來到了新社要購買香蕉絲織品，由於受到國外的重視，因此這個刺點由外而內也引發了新社內部的反思，應該要恢復香蕉絲的文化！

1990 年代初，新社噶瑪蘭族人開始發起文藝復興運動，由部落的三位祭師 Abi（朱阿比）、Ibay（潘烏吉）與 Ayok（潘阿玉）開啟了香蕉絲編織的行動，1999 年獲得臺中縣第五屆編織工藝獎，隔年朱阿比阿嬤獲得臺中縣文化局頒發的手工藝貢獻獎，引發媒體的關注──在花蓮國際石雕藝術節的表演與織品的展示。

2003 年成立了「花蓮縣噶瑪蘭族發展協會」有了更明確的未來發展，再加上阿嬤們繼續教導婦女編織，從過去的記憶一步一步找回香蕉絲編織的知識與技術，才讓噶瑪蘭這麼特殊的香蕉絲文化走入我們的日常，能與我們相遇、相知、進而相惜。

文 /
導演　李小明

太／太魯閣族

太魯閣族最具代表性的傳統特色是「文面文化」，「文面」亦即是「刺青」，太魯閣語稱為「馬大斯」（Matas）。傳統太魯閣族人大約是在五歲至十歲左右先文上「額紋」，十三至十四歲時男生再文上「頤紋」，女生則文上「頰紋」，文面是男女雙方的婚姻許可證，表示已經成年。但如今族人已不再沿襲此一傳統，只有在少數年長的太魯閣族耆老臉上，才能目睹這個深具歷史特色的「文面文化」（圖99）。

族人稱之為 habuk，為了禦寒也會在上身加穿一件披肩。

至於珍貴的配件，例如貝珠服飾只有特定身分的人才可以穿著；另外，必須是領導者、英雄才有資格身穿紅胸衣、頭部綁紅帶，紅色頭帶上縫製有貝殼製成的圓形物，圓形物的數量在傳統習俗上代表獵取的人頭數。至於，一般的太魯閣族男性項鍊配件主要由纏繞著獵物牙齒、白色貝類或草本類的果子製成，其中獵物牙齒越大

圖99：花蓮秀林太魯閣族文面文化

① 太魯閣族男性服飾：一般而言太魯閣族傳統男性服裝配件大致包括額帶、頭飾、胸兜、披肩、方布、無袖長衣、無袖短衣、遮陰布、綁腿及刀袋等（圖100）。男性衣著簡單，但番刀永不離身。上身主要穿著胸兜、外搭無袖長衣與套袖，下身穿著遮陰布，遮陰布是用一條約2呎長、1呎寬的布摺成對摺，於前面遮其私處，

圖100：花蓮秀林太魯閣族男子服飾．

表示打獵的功績越高。

②　太魯閣族女性服飾：太魯閣女性服裝主要包括有額帶、頭飾、胸兜、披肩、無袖長衣、無袖短衣、腰裙及綁腿等。通常上身是穿著白色無袖短衣，再套上袖套，下身穿著白色為底的一片式長裙與白色護腳布。片裙穿著時從左、右各圍一片，並以腰帶繫綁固定於腰間。在披肩與片裙上，常會有以黑、紅或桃紅、青藍二色挑織成錯落分隔的小菱形，上面織有多個各色菱形紋飾，代表「祖靈的眼睛」。女性服飾配件大致分為腳飾、項鍊（白色貝類、草本類的果子製成的）、腕飾（獵物牙齒製）、指飾（貝類或角製）、耳飾（貝類或獸角製）等（圖101）。

圖101：花蓮秀林太魯閣族女子服飾

撒/撒奇萊雅族

圖 102：花蓮撒固兒部落祭典上的撒奇萊雅族女子服飾

圖 103：花蓮撒固兒部落撒奇萊雅族頭目服飾

撒奇萊雅族的服飾也因與阿美族人居住生活關係密切，且通婚頻繁，使得撒奇萊雅族整體服飾漸漸從原有的暗色系朝向阿美族人喜用的豔紅色系做演變。近代撒奇萊雅族人為了找尋自己的傳統服飾，開始蒐集早期的文獻，一一尋找保有記憶的耆老，重塑出撒奇萊雅族傳統的服裝樣式，再賦予新的文化意義。目前所見的撒奇萊雅族民族服飾主要是由花蓮磯崎部落吳秀梅（Siku Sawmah）及主布部落的族人撒韻武老所重製。

根據耆老的口述，早期撒奇萊雅族的聚落是以刺竹陣圍繞做為保護，每次成年禮時即沿部落種一圈刺竹，半徑可達 200 公尺，僅保留兩個取水出入口。因此，撒奇萊雅族的服飾與裝飾中，刺竹成為最重要的設計意象與圖騰。總體而言，撒奇萊雅族男女服裝的顏色主要分為土金色與暗紅色（圖 102），土金色代表土地，喻撒奇萊雅族始祖由土地誕生，族人敬重土地，以及 1878 年 Komod Pazik 大頭目所說的「土地有心」。

也因此，頭目服飾以土金色為主色，意喻頭目代表土地、權力，代表部落的根本（圖 103）；一般男女服飾則以暗紅色為主，暗紅色代表祖先凝乾的鮮血，意喻族群的生命、能量與慎終追遠。但因，撒奇萊雅族屬於母系社會，成熟的婦女掌管家庭、財產、子女等，故而衣服外為土金色、內為

圖 104：花蓮撒奇萊雅族成年女子服飾

凝血色，代表成熟女性負有保有土地及延續血脈的重要責任，概念上與頭目相同（圖 104）。

撒奇萊雅族的男女頭飾的底色均以凝暗的血色為主，男女頭飾的尾巾長及腰部；女性頭飾綴有白色串珠代表族人的眼淚，綠串珠代表部落的刺竹圍牆，貝殼代表與海洋的淵源（圖 105）；男性頭飾上鑲有三角形圖騰，象徵奇萊山上的三角石神話故事，代表犧牲、奉獻與貞潔，金色串珠則代表財富（圖 106）。

另外頭飾、女性裙圍及腳套上的咖啡色、綠色碎片，代表祖先逃難時沾在衣服上的樹枝、草及泥巴，比喻勿忘祖先的苦難；女性腳套以咖啡色及綠色為主也代表同樣的意義。此外，目前撒奇萊雅族人除了在祭典上，也會在參加重要活動時穿搭傳統服飾與配戴文化袋（情人袋），做為族群認同的象徵（圖 107）。

圖 105：花蓮撒奇萊雅族女子頭飾

圖 107：
花蓮撒奇萊雅族文化袋（情人袋）

圖 106：
花蓮撒奇萊雅族男子服飾與頭飾

賽／賽德克族

賽德克族、太魯閣族與泰雅族的整體
服飾，因賽德克族與泰雅族比鄰而居，
且太魯閣族人又是源自賽德克族 Seejiq
Truku、Sediq Toda、Seediq Tgday 等部
落遷徙而至東部生活，彼此的服飾形制與
圖騰紋樣極為類似，都以精美的織布藝
術馳名（圖108）。從織造系統與地理區位
來看，賽德克族與泰雅族的服飾文化關連
更為密切。賽德克族的男女服飾文化中，
男性服裝以頭戴藤帽，身著白色長袖上衣
為主，長衣上面有帶狀紅色條紋，下半身
僅穿著遮陰布，隨身配刀、菸草袋以及耳
飾、頸飾、腕飾等飾品（圖109）；女性服
飾較為豐富以紅色多條紋長袖短上衣外搭
胸兜，下半身穿著單片長裙並繫上腰帶，
下擺縫綴小銅鈴，還會加上綁腿布，搭配
飾品有耳飾、頸飾及腕飾等。

圖109：南投仁愛中原部落賽德克族男子服飾
（織者：梁秀琴女士，披肩織者則為高雪珠女
士的曾祖母 Iwan Nawi）

圖108：南
投仁愛春陽
部落賽德克
族成年女子
服飾與織布

圖110：南投仁愛春陽部落賽德克族成年女子服飾

圖111：南投仁愛中原部落賽德克族成年男女服飾
（女性服飾有百年歷史，織者：高桂英；男性服飾
織者：梁秀琴）

此外，男女整體服飾中，皆習慣在身上斜披一大塊方布，下斜形成菱形狀，具有保暖的實用功能；傳統上成年婦人服飾以紅色系為主（圖110），年輕族群則以白色鑲滾邊為主（圖111）。紅色代表血液、力量，是賽德克族人最愛的顏色（圖112、圖113）。

圖112：南投仁愛中原部落賽德克族成年男子服飾
（織者：梁秀琴）

圖113：南投仁愛中原部落賽德克族女子服飾
（短上衣係依日治時代型式縫製之成衣、裙子
和綁腿布則同圖111具有百年歷史）

拉／拉阿魯哇族

拉阿魯哇族的男性服飾，傳統上會以山羊皮或山羌皮揉製成皮衣、皮帽及皮褲，皮帽前鑲有貝殼，帽頂則縫有五根羽毛，其排列為左右各兩根老鷹羽毛，中間插有一根白色的帝雉尾巴羽毛（圖114）。現代男性服飾則以紅色布料上衣，衣背有五條三色線條，由左至右分別是黃、綠、白、綠、黃，象徵族群與家族的向心力（圖115）。

圖115：
高雄桃源高中部落拉阿魯哇族男子服飾衣背上五條三色線

圖114左、圖116右：高雄桃源高中里美蘭部落拉阿魯哇族美瓏社男子服飾（左）、女子服飾（右）

女性服飾傳統上，以頭巾纏髮，插上公雞羽毛當髮髻，著藍色（高雄桃源雁爾社部落為主）或白色（排剪社、塔鑭社、美瓏社部落為主）的長袖上衣與黑裙（圖116）。相傳以公雞羽毛製作髮髻與配戴，其典故是為了紀念神話中公雞幫助人類與太陽神談判成功而來的。

卡/卡那卡那富族

圖117：高雄那瑪夏卡那卡那富族男子傳統皮鞋

圖119：高雄那瑪夏卡那卡那富族男女服飾

　　卡那卡那富族與鄒族的男性服飾顏色、材質相近，僅在部分衣服顏色上略有差異。一般而言，因揉皮的特殊工藝，男性以鹿、羊等獸皮縫製成衣、褲、帽、鞋等用品（圖117），因此男性基本服飾為頭戴鹿皮帽、掛胸兜、著皮製披肩、皮腰帶、配掛腰刀；以羽毛裝飾之皮帽是男性服飾中較顯著的特徵（圖118）。

圖118：高雄那瑪夏卡那卡那富族男子羽毛頭飾

　　此外，頭目、勇士等則以珠玉、貝殼等裝飾皮帽，以顯現其特殊身分地位。女性日常服飾以棉、麻等植物纖維織成布衣；未成年女性頭纏黑布，著胸兜、腰裙，穿膝褲；成年女子在婚禮或大祭時，會選戴以珠子、銀片、彩色毛線球裝飾並有挑織紋樣的額帶，取代平日之黑色頭巾（圖119）。

第二節 ｜服飾技藝特色｜
從文獻、傳統到現代，富含社會意涵

圖 120：南投春陽部落賽德克族傳統織布機

手工織布傳統

　　手工織布是過去臺灣原住民族婦女每日的主要工作之一；例如泰雅族，相傳如果一個婦女不會織布，死後就不能和祖先的靈魂在一起，這是很嚴重的懲罰。在各族中，織布更是婦女表現才能的機會，因為從織布的質地、紋樣可以評斷其巧思、細心、耐心與毅力，是族人對女性評價的重要依據。因此，傳統原住民族社會中，婦女都認為織出美麗圖案的布，是責任，也是榮耀，往往天還沒亮就起來織布，織布聲在部落裡此起彼落。

從前原住民族婦女織布時大半是坐在地上，使用「水準背帶機」或稱「水平背帶織布機」織布（圖120）。泰雅、賽德克、布農、卑南、雅美和排灣族不僅會織平紋、斜紋布，更能在每根線裡同時夾入有色的線，織出美麗規律的圖案來，這種密實且帶有斑斕花色的布，當時叫「卓戈紋」。傳統織布用的纖維多取自苧麻，需經過剝皮、去膠、晾乾、漂白、撚線、整經等手續才能上機織布。織布時，須把整理為經線的一端套在腳踏上，用腳撐起或固定在牆上，另一端則綁在自己的腰部。利用腰和腳的力量使經線或鬆或緊，然後把纏在梭子上的緯線，依設計的圖案穿過已張起成布幅的經線，再用刀狀打棒一根根把緯線壓實。

圖121：屏東三地門青山部落北排灣族男子多元裝飾服飾及首飾

傳統織布因為織布機的規格與人身長度的受限，一般布寬約40公分，長度約120至160公分。然後，再將數塊織好的珍貴手工方布一塊塊的拼接或剪裁，縫製成整體的衣物，形成了原住民族所共有的傳統服飾特色「方衣系統」。正因為傳統手工織布相當費工與費時，通常一公分長的花樣至少得花費半天的時間，因此日後引進了高架織布機與容易購得的棉線、毛線，這項傳統織布工藝便漸漸沒落了。現階段，原住民族正積極復育苧麻的種植，並且透過學校的教育課程與織布工坊的培訓和認證等方式，努力傳承這項傳統的手工織布技藝與民族記憶。

多元裝飾藝術

臺灣原住民族傳統服飾特色是形制簡單的「方衣系統」，但服裝之外的各種裝飾品與裝飾手法，則是呈現多元與華麗的樣貌，各族均不約而同的採用大量的綴飾來加以襯托服飾，進而達到炫彩奪目的視覺效果。這些裝飾藝術除了使用各種精緻的刺繡與編、織工藝，早期還會採用獸骨、羽毛、貝類、琉璃珠、植物種子、花草葉、瑪瑙、金銀銅等來自大自然的物品裝飾，現代則又採用亮片、鈕釦、鈴鐺、彩珠、流蘇、緞帶、塑膠花草葉等材質來增加飾品的亮彩度。

這些裝飾藝術在原住民族服飾文化中，所表現出來的社會意涵，不僅代表個人的階級與地位，也充分代表個人的財富、年齡、性別或特殊貢獻。原住民族的裝飾藝術，無論是在飾品的色彩、圖騰以及樣式上，均高度顯現出傳統的部落美學（圖121）。

圖 122：排灣族男子雲豹背心

獸皮衣製作技藝

臺灣原住民各族都擅長打獵，所以獸皮工藝在傳統部落的生活中應用相當廣泛；尤其是高山族群，因長期生活在山林之中，需以狩獵遊耕方式自居，冬天更是以獸皮來遮體避寒。原住民皮革的來源主要是鹿皮和山羊皮，其他還有熊、山羌、松鼠，以及稀有的雲豹皮，除山羊的皮需要加工處理去除粗毛之外，其他獸皮大多保留原始皮毛。

早期的原住民祖先採用煙燻與曝曬方式將獸皮保存下來，以備生活之需。這些獸皮主要可做為被子鋪蓋，從前的原住民家庭中通常至少有六、七張以上的獸皮。皮革的製作需要經過剝皮、刮脂、張皮、揉皮、剪裁和縫合等手續，這些多是男人的工作。獸皮如果不經過揉皮的過程，是硬的，無法裁切與縫合，所以揉皮使獸皮變得柔軟的技術非常重要。揉皮的重點在晾皮曝曬時，用刷子沾麻油或是花生油塗在獸皮的反面，一段時間後再用手不停的揉搓，遇到較堅硬的部分，再塗油或用棒子搥打，直到皮件變軟為止。

傳統獸皮除了當保暖的被子與鋪墊，因皮革的可塑性大於一般植物纖維，獸皮衣曾是古代原住民族的主要服裝，整套皮件包括皮帽、皮衣、皮（無背）褲、皮鞋以及皮袋等，連縫線也都使用切成細條的皮線加以製作。在過去身著獸皮衣若在外淋雨時，皮衣晾乾後會再變硬，因此必須再一次進行揉皮，在使用上實屬費工，加上容易腐爛，不易保存，現已難以推測最早出現的年代。

臺灣現存的獸皮衣中以雲豹皮最為珍貴，排灣族是屬於階級分明的社會，而雲豹皮象徵著尊貴與地位，只有頭目與貴族階級才能擁有（圖112）。根據史料顯示，在屏東來義據傳仍有三戶人家保有世代相傳的雲豹皮衣，南排灣族的頭目高武安是其中之一。高武安曾說明僅存的雲豹皮衣超過百年的歷史，是由二隻雲豹皮所縫合而成；雖然獸毛已經脫落，雲狀的黑色斑紋仍依稀可見。

此外，頭目所戴的珍貴頭冠，也還鑲著雲豹的下顎與獸牙。這些由傳統部落所世代保存下來的雲豹皮衣與頭冠，不僅呈現出獸皮衣的原始之美，更是雲豹曾經活躍在臺灣山林之中，最寶貴的「物證」了。

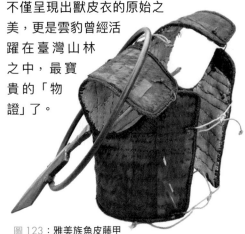

圖123：雅美族魚皮藤甲

水藤背心（魚皮藤甲）製作技藝

臺灣原住民族服飾中所獨有的水藤頭盔以及水藤背心（戰甲），是雅美（達悟）族男性的傳統盛服，水藤背心雖然叫戰甲，但並非用於真實的戰鬥場合，主要是在喪葬、祭典、驅邪、辟疫時所穿著的特殊服裝。其材料是以水藤為襯底編製而成，其上再縫綴鱘科魚皮，故又稱魚皮盔甲或魚皮藤甲（圖123）。

樹皮衣製作技藝

大約在十九世紀中葉之前，臺灣原住民族善用剝下來的樹皮製成各式服飾，如帽子、頭巾、衣褲、丁字帶或裙子等等，樹皮衣主要是利用石頭與材質較硬的木頭做為槌打的工具。此外，在砍伐樹木之前，頭目通常會代表族人舉起酒杯，敬拜天、地、祖靈與該地的守護神，之後才進行砍樹，以表達取用大自然材料時，心存感激之意。

文獻上曾記載阿美族人製作樹皮衣的過程：「馬太鞍的阿美族人，把構樹樹皮剝下後，必須經過槌打、洗滌、曬乾、剪裁與縫製等步驟。他

圖 124：
花蓮光復馬太鞍部落保存的阿美族樹皮布
花蓮玉里楊志豐先生提供照片

們先依照身體、手臂的尺寸選擇大小適宜的枝幹，剝下樹皮後，順著表皮橫向槌打，因為橫著槌打才不致使植物纖維斷裂。」現今，原住民族的樹皮衣製作過程，仍多遵循古法，並由有經驗的老人帶領其他族人合作完成（圖 124、圖 125）。

樹皮衣曾是原住民族早期生活中，相當重要的一項特色技藝，也是舉行祈雨祭時祭師或者獵人上山打獵時所穿戴用的重要服裝。目前，馬太鞍阿美族以及都蘭阿美族的族人依然

傳承著樹皮衣的製作工法，但是兩地使用的材料與用途卻不同。馬太鞍的樹皮衣以構樹（或稱楮樹、鹿仔樹）為主，構樹樹皮質白堅韌，最受族人歡迎，主要用於舉行祈雨祭時，祭師所穿著的服裝；但是在都蘭的阿美族人，樹皮布的材料主要來自於雀榕，根據都蘭阿美族老頭目 Konuei 生前所述，都蘭部落的樹皮衣是做為獵裝使用，樹皮衣除了可以遮掩人類的味道之外，也可當作行進山路間的防護衣物。

綜上所論，臺灣原住民族十六族的整體服裝，在經歷與他族的文化交流後，受到一定的影響性。例如，服裝材質的使用，日治時期以前，大部分的衣服材質均為自製的手工麻線和麻布，但後來大量使用容易購得的棉布、印花布和棉線、毛線；近代，更加入化學纖維做為製衣的材質選項。

在樣式上，以往簡單的方衣形制，也改變為有領子、袖子、長短衣、褲子、腰裙等套裝形式，這些都是順應環境所產生的服飾變化。所幸，原住民族整體服飾樣貌並未因此而消失，迄今仍藉由節慶、祭典、重大儀式等特定活動，族人必須穿戴傳統服飾的習俗，傳承下來各族深具特色的服飾文化。

原住民族十六族的傳統服飾與首飾配件，不但色彩炫麗、形式多樣，更展現各個部落族群的藝術特質及社會意涵。此外，每個原住民族都有一套屬於自己的獨特服飾風格、裝飾特

圖125：花蓮光復馬太鞍部落保存的阿美族樹皮衣　花蓮玉里楊志豐先生提供照片

色與圖騰紋飾，如排灣族、魯凱族、卑南族、布農族是以深藍和墨黑的布為主色，再利用各種深富巧思的裝飾技藝，呈現活潑豐富多樣的風貌；而阿美族、鄒族、賽夏族、泰雅族等族，則善用大紅、大綠表現出他們對大自然的崇敬與喜好；蘭嶼島上的雅美（達悟）族則是唯一會用棕櫚纖維織布的原住民。這些說不盡的服飾文化與生活美學，凝聚了臺灣原住民族的自我認同，也持續開展出屬於新時代的藝術內涵與自我期許。

新娘服、外婆的木箱、服裝秀與時尚

傳統服飾是臺灣原住民最重要的符號與象徵

　　要辨識臺灣原住民是哪一個的族群最好的方式就是認族服，族服宛如族群的一個識別符號，可見傳統服飾對一個民族有多重要！卡族是最後才正名的族群，要找回失去的衣服當然會比較辛苦，還好因為族人的有心！

卡那卡那富族是目前臺灣原住民十六族最後正名的族群，正名的時間是 2014 年 6 月 26 日，過去卡族與拉阿魯哇族被稱之為「南鄒」，時隔那麼久才被外界看見，當然我們更好奇的是，被隱埋這麼久的族服是怎麼找回來的，必然會有一段歷程！

　　卡族是我個人做田野最後認識的一個族群，當然所產生的故事性也很高！卡族位於高雄那瑪夏，那裡住的大都是布農族，卡族四百人次之，再來就是拉阿魯哇族。那瑪夏主要的語言是布農語，卡族很多人也會布農語，這是非常有趣的多元文化！

　　在田野過程當中我很榮幸認識了協會理事長翁德才、Apu'u 及 Nau 兩位女士。

　　2020 年 6 月 4 日翁理事長與夫人特別穿上族服讓我拍照，理事長也說明了卡族服飾的特色，該族的服飾顏色與鄒族、拉阿魯哇族有百分之八十是一樣的，只是形式略有不同，跟鄒族的服飾近似性高，例如男生服飾以紅色為主，帽子、褲子、胸袋、鞋都是用鹿與山羊皮所縫製；女生的服飾跟鄒族就不太一樣，唯有帽沿裝飾彩色毛線球跟鄒族比較接近。卡族婦女特別喜歡牽牛花，過去的婦女會把長串牽牛花連枝帶葉繫在腰際、肩或頭上，牽牛花後來也成為服飾的印花。

「色舞繞服裝秀」帶起族人的信心

　　對卡族服飾也著力不少的是 Nau，2003 年回到部落成立了工坊，也因為要做婦女的工作而成立了協會，更重要的是為卡族的正名而努力。有了工坊後就開始將失傳幾十年的族服重製回來，趕緊就近採訪耆老、收集老照片，最關鍵就是去博物館看老衣。在整個部落通力合作下，2014 年不僅完成了正名，也找回並定義了卡族的族服，2013、2014 年還特別參加苗栗森林之心「色舞繞」的服裝秀，這個活動也引發了 Nau 決定將服飾推向時尚，Nau 非常希望能設計一件卡族的禮服，希望族人的婚禮可以讓新娘子穿上我們美麗的服裝。

卡那卡那富族織事

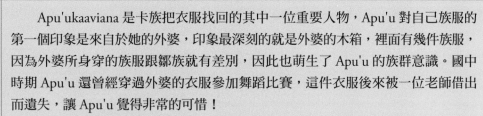

Apu'ukaaviana 是卡族把衣服找回的其中一位重要人物，Apu'u 對自己族服的第一個印象是來自於她的外婆，印象最深刻的就是外婆的木箱，裡面有幾件族服，因為外婆所身穿的族服跟鄒族就有差別，因此也萌生了 Apu'u 的族群意識。國中時期 Apu'u 還曾經穿過外婆的衣服參加舞蹈比賽，這件衣服後來被一位老師借出而遺失，讓 Apu'u 覺得非常的可惜！

永遠都不會忘記找回自己的衣服

把臺灣原住民衣服找回的重要推手是尤瑪達陸，1996 年在鳳山婦幼館 Apu'u 因為與尤瑪接觸後，才發現沒有自己的衣服宛如沒有自己的根，2009 年八八風災之後是危機也是轉機，因為部落要重生，剛好也利用這個機會把自己的傳統服飾找回來！當時大力協助的尤瑪老師說，「姊妹一起加油！我願意以我的經驗協助妳們，妳們的長輩及時間是不會等的！」

2013 年 Apu'u 與長輩一起到臺大人類學博物館、國立臺灣歷史博物館去找老衣，當時的長老翁坤先生 (Cumzmu'u)、翁范秀香 (Cinapaicu) 也一起前來進行指認。整個工作宛若海底撈針的一件一件的尋找，從失望到喜出望外，信心一天天的增加，也許是祖靈的顯靈吧！正在進行卡族正名的時候，找回衣服的工程也有了眉目，族服的確認更有助於未來的正名，Apu'u 在博物館對著長輩說，我們會把衣服重製回來，會把我們的衣服穿回來的。

2013、2014 年卡那卡那富族終於有機會找到舞臺露臉了！國內非常知名的森林之心「色舞繞服裝秀」，Apu'u 與多位部落女性穿著自己的族服走在伸展臺，向世人宣告，卡那卡那富族的衣服是這麼的美！當現場觀眾的掌聲響起，臺下的長輩以及臺上的部落婦女都激動得流下眼淚！Apu'u 說這不是結論，這個結論還在變動中，我們還要找回更多的服飾與配件，我們要繼續的把衣服找回來！

文／
導演　　李小明

PART 2 首飾

傳統上，臺灣原住民族的服裝樣式簡樸，大多成「方衣」形式，但卻相當著重全身性的裝飾品，因為不同材質與品項的首飾，不僅具有社會階級的區別性，更常代表個人榮譽與英雄事蹟。

其中有許多常見的配件與材質，不僅受到各族的喜愛與通用，也可因此窺見各族的交流文化與遷徙歷史；而部分族群所特有與流傳下來的首飾與圖騰，更充分展現了延續傳統臺灣原住民族文化與部落美學的重責大任。

前言

傳統上，臺灣原住民族的服裝樣式簡樸，大多成「方衣」形式，但卻相當著重全身性的裝飾品，因為不同材質與品項的首飾，不僅具有社會階級的區別性，更常代表個人榮譽與英雄事蹟。也因此，原住民族首飾種類繁多且華麗，只不過隨著生活的現代化，傳統首飾中常見的貝殼、貝板、黑珠、銀質、銅質、玉石、鹿角、獸牙、獸皮、羽毛等大多採集自自然界的裝飾品（圖1），已逐漸被彩色玻璃珠、塑膠珠、亮片、銀絲線、毛線球、流蘇等配件所代替（圖2），雖然看起來更顯艷麗耀眼，但傳統首飾所呈現的那種古樸、粗曠的原始特性卻也日漸消失。

圖1：南投仁愛春陽部落賽德克族傳統天然貝板、黑珠首飾

綜觀臺灣原住民族現存的首飾品項甚多，從頭至腳包括有髮飾、頭（飾）環、頭巾、花環、羽冠、帽飾、帽子、銀盔、額（飾）帶、耳飾、耳環、耳墜、耳軸、耳盤、髮簪（髮髻）、木梳、煙斗、頸（飾）鍊、肩帶、肩飾、披肩（霞披、雲肩）、胸（飾）鍊、臂（飾）帶、臂環、手（飾）環、手鐲、戒指（指飾）、腰飾、佩帶、佩刀、臀飾、背袋（情人袋、檳榔袋）、足飾、足環等等，讓人目不暇給。

圖2：
屏東斯卡羅牡丹鄉南排灣族女子飾品：現代彩色珠子、亮片、孔雀羽毛、毛線球、流蘇等

圖 3： 屏東三地門
青山部落北排灣族
貴族傳統頭飾

　　在臺灣原住民族傳統眾多首飾品項中，又以頭飾最為
搶眼。過去，傳統婦女通常都帶黑頭巾，把頭巾盤纏成巨
大的底座，然後在祭典或宴會中，依照身分地位使用鮮
花、植物葉片、羽飾、獸牙、螺貝、銅鈴，甚至小米穗、
種子等精心裝扮專屬於自己的美麗頭飾。

　　例如，阿美族到現今依舊流行長羽頭冠、泰雅族男子
喜戴藤帽；鄒族、邵族的男子習慣戴揉製的皮帽，帽子後
方垂飾著長長的美麗羽毛；排灣族、魯凱族的貴族階級頭
飾也常見羽飾和獸牙、獸骨，兩族皆認為老鷹和百步蛇有
血緣關係，傳說百步蛇會越長越胖，最後會變成老鷹，此
一說法是由老鷹羽毛上的三角紋路跟百步蛇的三角背紋相
似來加以連結。排灣族、魯凱族兩族的男女貴族頭飾，也
因此都以裝飾老鷹羽毛做為最高榮譽，一般貴族只能插一
根羽毛，領袖貴族則會插上兩根老鷹羽毛以示崇高的社會
地位（圖3）。此外，魯凱族的男女頭飾也還會特別裝飾上

美麗的百合花，象徵男子的英勇與女子的貞潔和美德。

除了精美的傳統頭飾，臺灣原住民族首飾中還有幾項材質特殊，但也逐漸失傳的飾品。例如，傳統原住民族各族都喜歡大量使用磨製過的貝板、貝類做成各種飾品，貝板、貝類飾品常見於耳飾、頸飾、胸飾、手飾、腳飾等（圖1、圖4、圖5）；不過，因為珍貴的貝板、貝類飾品費時費工，在現今的飾品中已經很少見。

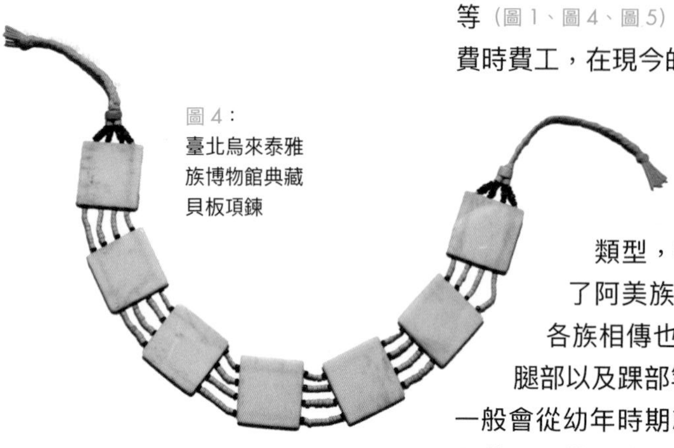

圖4：
臺北烏來泰雅族博物館典藏貝板項鍊

此外，過去的阿美族人也曾流行配戴一種螺旋狀的銅條，也就是像彈簧一樣的臂環，這種臂環有許多類型，有的甚至呈現上寬下窄的杯形狀。除了阿美族，傳統的排灣族、魯凱族、泰雅族等各族相傳也常將銅環裝飾在上臂、腕部、指部、腿部以及踝部等處。這些稀有的原住民族銅環飾物，一般會從幼年時期就戴上去，長大後因拔不下來而終身配戴。可惜，這些珍貴的銅環裝飾品早在清朝時期，因為原住民族改以山產交換漢民族的手鐲和耳環來裝戴，因此未曾被文獻所登載記錄，現今僅能靠著老口述以及少數遺留的古物得知。

圖5：臺東蘭嶼雅美（達悟）族貝類飾品

第一節 歷史傳承

「琉璃珠」富有靈魂，傳說與稱謂也最多

深具傳統美學與象徵意涵

臺灣原住民族首飾深具傳統美學與象徵意涵，其中被賦予最多稱謂的飾品首推琉璃珠。璃珠主要是由矽土、石灰及其他金屬物質熔合燒製而成的彩色玻璃珠子。琉璃珠大多是長桶珠狀，一般有單色和混色兩種，單色琉璃主要是橙紅色、綠色、黃色三種；混色琉璃珠則是五顏六色，不同的色彩與紋樣，訴說著不同的神話傳說。琉璃珠的尺寸，從米粒狀到數公分長都有，依其大小而被賦予不同的稱謂（圖6）。

目前，古琉璃珠多數保存在魯凱族和排灣族的部落中，琉璃珠不僅可說是魯凱族和排灣族的傳家之寶，也是社會地位的象徵，更是婚禮的貴重聘物。此外，魯凱族和排灣族人咸認為琉璃珠富有靈魂，是具有神聖意涵的裝飾品，所以平時不輕易示人。

有關古琉璃珠的起源與傳說甚多，曾有一說是因為孔雀王子深深愛上排灣族大頭目的女兒，想娶她為妻，於是孔雀王子從天空向下飛翔，撒落多彩絢麗的琉璃珠做為聘禮，據此琉璃珠又稱為「孔雀珠」。魯凱族和排灣族人把珍視的琉璃珠取了各式各樣的名稱，包括有

圖6：屏東三地門青山部落北排灣族琉璃珠項鍊

太陽之光、太陽的眼淚、眼眸之珠、技藝之珠、地權之珠、俊傑之珠、結盟之珠、美髮之珠、財富之珠、百合花之珠、羽毛之珠、轉運之珠等等，這些古老傳說與特殊稱謂，越使琉璃珠展現出其特殊的歷史意義與傳統美學價值。

強烈的遵循度與社群認同意涵

臺灣原住民族十六族的社會組織特性略有不同,主要可分類為母系社會、父系社會、氏族社會或是嚴明的階級社會;總體而言,各族迄今依舊認同透過世襲或是選拔產生的首領制(頭目制)、貴族制與長老制。從現有配戴首飾的材質、樣式、圖紋、顏色等等,所立下的嚴格區分與不可僭越的規範,即可理解原住民族對於所屬的社會階級與不同的社群,依舊存在著強烈的遵循度與認同感(圖7)。

魯凱族和排灣族兩族均具有嚴明的社會階級制度,主要劃分為貴族、世家以及平民三個社會階級;傳統上各式的首飾也區分為上品、中品、下品等三階,均採用不同的做法及圖紋,以利於與其所屬的各個階級相適襯。例如,上品的琉璃珠大都是貴族結婚時當作聘禮使用,中品的琉璃珠則由世家使用,平民只能擁有下品的琉璃珠。其中,位於項鍊中央位置的上品琉璃珠更是地位最崇高的珠子,稱為「太陽之光」,它不但是華麗與高貴的社群表徵,更是大頭目身分的證明與對社會階級認同的最佳展現。

圖7:屏東霧臺魯凱族獸皮獸牙獵人頭飾

第二節 | 首飾特徵 |
一窺特有的社群制度、遷徙與文化脈絡

　　臺灣原住民族首飾款式十分多樣，因每個族群都有不同的風俗習慣以及社會規範，故可從各族首飾的差異性，窺探其特有的社群制度；甚至可從曾經使用的首飾材料，推測出早期的地理環境、遷徙過程與文化發展脈絡。總計可歸納為 25 類：

① 髮飾

② 頭（飾）環 (圖8、圖9)

③ 頭巾

④ 花環

⑤ 羽（飾）冠 (圖9、圖10、圖11)

⑥ 髮簪（髮髻）

⑦ 木梳

⑧ 帽飾、帽子

⑨ 銀盔

⑩ 額（飾）帶 (圖12)

⑪ 耳飾、耳環、耳墜、耳軸、耳盤

⑫ 煙斗

⑬ 頸（飾）鍊、項（飾）鍊 (圖8)

⑭ 披肩（霞披、雲肩） (圖12、圖15)

⑮ 肩帶（肩飾）

⑯ 手（飾）環、手鐲、腕飾

⑰ 戒指

⑱ 胸（飾）鍊 (圖8)

⑲ 臂（飾）帶、臂環

⑳ 腰飾

㉑ 臀飾

㉒ 佩刀 (圖10)、佩帶

㉓ 腿飾

㉔ 足飾、足環

㉕ 背袋（情人袋、檳榔袋） (圖12)

圖 10：花蓮鳳林森榮部落阿美族頭目羽冠及佩刀

圖 8：屏東霧臺魯凱族女子頭飾、頸飾、胸飾

圖 9：嘉義阿里山鄒族男子頭飾及羽飾

阿/**阿美族**

阿美族的首飾種類大致可分為七大類，包括頭飾、羽冠、頸（項）飾、耳飾、胸飾、腕飾、肩飾、腰飾與腿飾等。此外，還會配戴諸多配件，例如：頭巾、腰帶、檳榔袋（或稱情人袋）（圖12）、腳鈴與其他各種首飾。阿美族的飾品材質，除了大多取材自貝類、獸牙、獸毛、竹子等自然界的珍貴物品之外，也有與外界交易而來，諸如瑪瑙、銀製品、玻璃珠、銅鈴等。其中，阿美族人也如同臺灣其他的原住民族，相當喜歡以貝板製成項飾、胸飾與頭飾，因為貝板材質較堅固，且具有潔白與永不變

圖11：花蓮鳳林長橋部落阿美族頭目羽冠

圖13：花蓮玉里織羅部落阿美族女子現代塑膠材質首飾

圖12：
臺東阿美族女子額飾、霞披、腰帶、情人袋

色的優點，故而在阿美族的傳統飾品中相當常見。

　　阿美族男女都喜愛配戴用繩子串成的珠鍊、腕飾與臂環，過去製成的材質包括貝殼（或貝板）、銅、銀、鐵與玻璃珠等；現代的阿美族男女首飾，則多使用塑膠珠子、亮片、絨球、流蘇等亮麗的素材縫綴在各種飾品上（圖13）。此外，阿美族男子首飾的主要特色是羽冠，女子首飾主要特色則是穿戴大花帽（圖14）與霞披（圖15）（臺灣原住民族中的女子霞披與披肩、雲肩等同屬一個形制系統概念，均為披搭在領肩部位的飾品，只因時代的不同而在命名、樣式與材質上略有差異）。但是頭目和長老的配飾會較為豪華，還會加上許多羽毛或獸牙做為重點裝飾（圖11、圖16），以彰顯其功績與階級地位。

圖15：臺東阿美族女子頭飾及霞披

圖14：阿美族女子大花帽

圖16：臺東阿美族頭目獸牙項鍊

圖21：
宜蘭南澳泰雅族藤帽
與貝板、獸牙裝飾

泰/泰雅族

　　泰雅族人的首飾從頭到腳，飾品的種類相當多樣。傳統的泰雅族社會中，有些飾品是出征時，勇士所必須配戴的配件，例如貝珠製作的手飾、臂飾或腿飾等，具有藉以提高士氣與信心之意涵（圖17）；因此飾品的配戴除了增加個人美感之外，很重要的一項功能即是可以展現個人對部落的貢獻或彰顯勇武功績。

　　就首飾的材質而言，居住在山區的泰雅族人多數使用貝珠、貝板（圖18、圖19、圖20）與金屬製飾品，但這些材料並非由族人自己所製造，多是與外地交易而來；傳統且珍貴的竹管耳飾（圖20）、藤製腕套、藤帽（圖21）、竹製煙斗與獸牙裝飾等（圖22）則是由族人在當地取材製成並保存至今。

圖22：
泰雅族男子藤帽與獸牙、獸骨裝飾
臺北烏來泰雅族博物館典藏

圖20：
泰雅族貝板及竹管耳飾
臺北烏來泰雅族博物館典藏

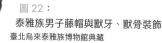

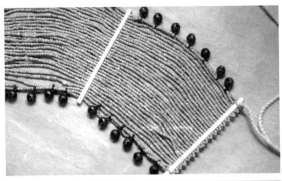

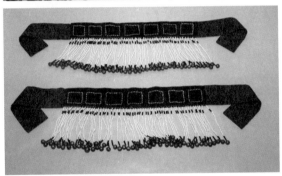

圖 17 上、中、下：
泰雅族貝珠飾品
臺北烏來泰雅族博物館典藏

圖 18 上、圖 19 下：
宜蘭南澳泰雅族貝珠、貝板飾品

排／排灣族

排灣族因社會階級嚴明，不同階級須配戴不同的首飾，故而種類品項繁多，包括頭飾、頸飾、耳飾、肩飾、胸飾、腰飾、手飾、腿飾、腳飾等等，幾乎囊括了臺灣原住民族的整體首飾配件。以材質而言，排灣族人喜愛使用大自然的花、草、植物種子、獸牙、羽毛、皮毛、貝類等來製成飾品（圖23、圖24、圖25、圖26）；其中，鷹羽、豹牙、豹皮等只限於貴族使用（圖27、圖28）。另外，也會以交易得來的銀、

圖 23 左、圖 24 右：屏東大龜文獅子鄉南排灣族女子花草、琉璃珠、銀飾、獸牙等首飾

銅、鋁等金屬做為裝飾，或是將各色細小琉璃珠以麻線串接，集合數條單串後再組合成複串的珠串，因此色彩相當華麗（圖29）。

排灣族首飾上的圖紋大多為祖靈像、人頭紋、百步蛇紋以及太陽紋等。不過，圖紋的裝飾也有嚴格的階級區分，例如酷似百步蛇紋的熊鷹羽毛、高貴上品的琉

圖 27 左：屏東大龜文獅子鄉排灣族男子獸皮、獸牙、羽飾頭飾
圖 28 右：屏東三地門青山部落北排灣族男子獸皮、獸牙、琉璃珠頭飾

圖 25 左、圖 26 右：屏東三地門青山部落北排灣族女子鮮花頭飾、貴族羽毛、獸牙、琉璃珠、銀飾、瑪瑙等首飾

圖 30 左、圖 31 右：屏東三地門青山部落北排灣族女子貴族羽毛、獸牙、琉璃珠、花朵、多功能綁巾、瑪瑙、銀飾項鍊等首飾

圖 29：
屏東三地門地磨兒部落北排灣族女子琉璃珠串手鍊

璃珠、特殊的人頭紋、百步蛇紋等圖騰只有頭目與貴族可以使用（圖 30）；貴族的直系親屬可配用鮮花、羽毛、皮毛、獸牙、豹皮、中品琉璃珠、貝、銅、日治時期硬幣等；其他的一般飾品還有包括銀飾、銅飾、貝飾、花綴頭飾、肩飾、胸飾、背飾、腕飾、青銅刀、多功能綁巾（圖 31）、木梳、煙斗、水煙壺等等，種類繁多。

依循傳統的排灣族規制，平民階級是不可僭越這樣的社會階級規定，尤其不得裝飾有菱形紋，也就是象徵貴族階級之始祖的百步蛇背紋，除非個人戰功高超且經頭目授予、使用償物（例如酒或豬）向其所屬頭目要求特許、或者透過婚姻嫁娶取得貴族階層所擁有的裝飾品，之後才能擁有某些貴族專屬的裝飾特權。

115

人未到、聲音先到之美
北排與南排服飾的相遇

最近這十年來本文跑排灣族非常的勤，原因是拍攝文手文化紀錄片。手紋代表的是社會階序，是有身分地位的人才有資格文手，因此剛好與服飾是對應的關係，有文手的部落領袖或貴族她們的服飾自然不同，排灣族的服飾不僅具有社會功能，也具有藝術的美感。

排灣族以屏東縣來劃分，分北排、中排、南排，臺東則稱之為東排，服飾上以牡丹鄉、滿洲鄉、獅子鄉的南排服飾差異最大，這個地區的服飾是紅色系，

與其他排灣族的黑色系有很大的不同。因此本文就以挑選北排與南排的服飾做為介紹。

北排青山公主美麗的傳家至寶

青山村（Cavak）是排灣族最北的一個部落，接受本文拍攝的是青山公主高曉晴（Mavaliw Muni）小姐。她所穿的服飾經過了三代、是外婆親手縫製的，算一算穿在她身上的衣服快百年了！可是現場拍攝的時候並不覺得舊，原因是 Muni 接手後非常的珍惜，因為它不僅有紀念價值而且很有意義，Muni 知道過去物質缺乏，這件衣服上的繡片、貼飾、配件等都是一點一點加進來的。這件老衣本來是放在木箱，Muni 拿出來時已被蟲咬、金屬配件也生鏽了，整件衣服受傷不輕；於是 Muni 去找裁縫師進行修補與保養，還好衣服的主體性完好，也讓 Muni 家族的老衣重製新生、如獲至寶！

從藝術美感的角度來賞析排灣族服飾，我們會發現北排與中排的服飾配件很多，再近一點細看我們會看到衣服上有象徵父親的百步蛇紋、母親的陶壺紋、時間的太陽紋、祖靈的人形紋，以及象徵自然生命植物與貝類做為裝飾的紋樣，這些都是 Muni 衣服上圖騰的特色。

Muni 是貴族世家因此頭戴雄鷹羽毛象徵家族的地位，最引人側目的是 Muni 有好多條長到可以披肩的髮飾（萊冠，ljaikuan）。 Muni 說這都是真髮，在她們孩童的年代都是留著長髮，這些頭髮後來都做成了細又長的髮飾，而且還染了紅色；過去排灣族有出草，因此也會將頭髮染紅象徵勇猛與社會地位，後來髮飾局部染紅再加上羽毛亦不失為美麗的裝扮。若再加上縫有一長串貝殼的肩帶（巴拉發可，paljavak），頭冠與衣服繡上金屬吊飾、綴珠，走起路來就會鈴鈴噹噹的響著。

排灣族有一個形容人未到、聲音先到的美：Qaljesir，我們可以想像那種美，當穿著美麗服飾的女孩走近時，華麗典雅服飾所散發出來的美，從聽覺豐美到視覺，宛若我排灣族 Qaljesir 所形容的，那個由遠而近慢慢有層次油然而生的美，是聲音與視覺交融所產生服飾的美，這是排灣族特有的織音之美！

排灣族織事

南排斯卡羅、大龜文的服飾文化

　　斯卡羅因為公共電視劇瞬間在國內打開了知名度！斯卡羅祖先來自卑南族，2020 年 5 月本文來到了牡丹鄉的旭海，這裡也是復振斯卡羅最用力的村莊，在這裡我們結緣了 Masaw Pan，俊俏的 Masaw 是斯卡羅王國領袖 Garuljigulj 家族的後裔，因此對自身斯卡羅的歷史研究頗深！

　　Masaw 為我們示範了斯卡羅的服飾外，一起示範的還有董曉君（莎麗，Saljivalaw pasedjam）老師，她不僅身穿原鄉牡丹的族服，而且還帶了潘慈琴老師所提供的大龜文的族服。

　　首先是斯卡羅的服飾，Masaw 所穿的是貴族世家的服飾，帽子上面插有兩支大冠鷲羽毛，上衣黑色並掛有布紋與金屬吊飾的肩帶，下半身穿的是紅黃綠藍相間、十字繡方格子的褲片，Masaw 身材相當的好，穿起來很英挺！很有大將之風！

　　牡丹鄉為我們示範的除了莎麗老師外，她的表哥葉德生是牡丹鄉牡丹村的村長、還有姑媽吳娟娟都欣然入鏡。我們可以看出牡丹鄉不論是男生或女生的衣服都是紅色，因此格外顯眼！跟電視斯卡羅黑色與深藍色不同，紅色系是近代發展出來，早期不論斯卡羅人或牡丹鄉都有受到客家的影響，我們現在從牡丹鄉男生服飾還留有一點藍色就知道了；而且牡丹鄉男生穿的是裙子，跟排灣族早期簡易的服飾近似，只是牡丹男生穿的不是百褶裙。婦女只有在慶典的時候會披上雲肩、花環，如果是盛裝的話就會戴上屏風帽，這是南排斯卡羅女性服飾的特有處。屏風帽上緣有好多的孔雀羽毛，牡丹鄉這裡並沒有孔雀，這也說明了恆春半島很早就跟國外交易，經濟條件是不錯的，於是在服飾上做了展現。

百步蛇、大冠鳩與太陽

　　恆春半島的傳統信仰是以天地自然為主，除了百步蛇、大冠鳩之外，巫師界最重要信奉的神是太陽，因此女性服飾會有太陽的圖紋，然後對應的裙

襬下緣繡有彩虹。我們也發現南排的貼布繡與十字繡居多，珠繡比較少，反而北排、中排的珠繡比較多，因此顯得華麗厚重許多。

斯卡羅在恆春半島，再往北一點也就是楓港臺9縣以北的獅子鄉，過去非常有名的大龜文王國，這裡的服飾也屬於南排灣族、以黑色為主。製作大龜文服飾達二十五年的陳碧惠女士來自東源部落，碧惠這些年做了不少服飾，很多新婚小倆口都會穿傳統服做為婚紗照。獅子鄉大龜文系統最年輕的準大頭目的服飾也請碧惠製作，部落領袖有帶動傳統服飾之風潮，她的盛裝也會讓族人起而傚尤，達到文化傳承之目的。

當天莎麗老師與她的學生吳凱龍也穿上大龜文服飾，服飾是以黑、紅兩色為主，排灣族傳統服飾原以黑色為主，紅色是有可能源自恆春半島的阿美族。

從東源部落麻里巴傳統服可發現男生胸前兩大塊人形圖騰；過去的人因為看見清朝的官服胸前的龜、鶴等動物刺繡，有感於威武氣勢，故將人形紋繡在自己的服飾上，而且男女服飾都有大大的人形紋，再配上百步蛇紋，紅色的圖繡在黑色的布上，相當的美觀！

探究排灣族服飾已多年，南排服飾是我後來這些年因看表演而發現，後來認識了潘慈琴老師，經由她的引薦才認識了莎麗、Masaw 與 Muni，讓本文如獲至寶進行所謂人文的拍攝。我非常的感恩，我相信這美好的相遇都是因為我們的有心才有這麼到位的畫面呈現，希望我們繼續把這美好的文化發揚光大。

文/
導演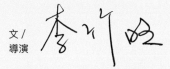

布/布農族

　　布農族的裝飾品種類大致包括有頭飾、額帶、髮飾、耳飾、頸飾、項鍊、臂飾、腕飾、腰飾和腿飾等等，材質多以貝類、黑珠、銀質、銅質、玉、鹿角、花草與玻璃珠製成（圖32），各類飾品中又以頭飾最為講究，多以銀飾、貝類和玻璃珠製成（圖33、圖34、圖35）。而特別的是，布農族的項鍊具有六類傳統用途，包括醫藥作用的保健項鍊、嬰兒護身項鍊、除穢避邪項鍊、裝飾性項鍊、巫術作用項鍊、代表男子狩獵能力的山豬獠牙項鍊（圖36）等；不過，隨著現代化腳步，項鍊材料多以各色亮片、塑膠珠與鍍銀片串製而成，功能以個人裝飾和顯示社會地位為主，其他的醫療、保健和護身符等功能已逐漸消失。

圖35：花蓮海端布農族女童亮片及銀片頭飾

圖 32：花蓮海端布農族女子頭飾及項鍊

圖 36：南投達瑪巒部
落布農族男子獸牙項鍊

圖 33：
南投達瑪巒部
落布農族男子
串珠頭飾

圖 34：南投達瑪巒部落布農族女童串珠頭飾

卑／卑南族

頭戴花環是卑南族最為外人所熟知的族群標誌，它代表著男子成年的意義，是臺灣原住民族群中所獨有的習俗，具有相當重要的辨識度（圖37）。約在二十世紀初時，卑南族的頭飾多以大約3公分寬的藤圈壓住頭髮，外出時再採鮮花纏在頭上，亦會纏繞鎖鍊或加上白銀、銅製等裝飾品，但後來逐漸流行配戴以鮮花編織而成的花環，製作的材料包括紅、黃、白色為主的花朵，再搭配草藤、綠葉或蕨類等植物環繞而成。依習俗未成年的男孩，只能配戴由蕨類編成的草環，須等到成年禮之後，才能戴上花環。

現今的卑南族不分男女舉凡重大節慶，都會在節慶的場合中，為自己、家人或是賓客編織一串以鮮花製成的花環。女子在配戴花環時，為了避免直接配戴會造成頭部痛癢，會先綁上一條布質的額帶，現或改以絲襪、頭巾或帽子替代（圖38、圖39）；年輕男子則會先頭戴方巾再配戴花環（圖37），較年長者則多半直接戴上花環。此外，在打獵祭及豐年祭期間，親朋好友會為從山上歸來的長老或勇士戴上花環，獲贈的花環越多，表示越受族人的敬重，是社會地位崇高的表徵，因此若有男子頭上戴有層疊在一起的數個花環，即表示受到眾多族人的尊敬與愛戴（圖40）。

圖40：臺東卑南族受人敬重的男女層疊花環

圖37：臺東南王部落卑南族成年男子頭巾花環

圖 39：臺東卑南族女子花環、帽子及琉璃珠、珍珠串珠胸飾

圖 38：臺東南王部落卑南族青年女子額帶、花環及串珠項鍊

除了頭戴花環之外，卑南族男女的其他首飾配件也包括頸飾、胸飾、腰飾、臀飾、手環及腳飾等等（圖 41）。另外，根據臺灣學者李莎莉推論可能是受到鄰近排灣族或魯凱族的影響，因此卑南族男子的裝飾品中，也會配戴有雙條銀鍊子或琉璃珠製成的頸飾、胸飾及手環，以及綴有極小型琉璃珠的豬牙頭帶等；卑南族女子的裝飾品則以綴有銀鈴、日幣和小珠子的頭帶、銀製髮簪、白銀手環、白銀胸飾、瑪瑙串珠胸飾、琉璃串珠胸飾、珍珠或塑膠串珠胸飾等為主（圖 38、圖 39）。

圖 41：臺東南王部落卑南族男女腰飾及腳飾

魯/魯凱族

魯凱族對於首飾的搭配相當重視與嚴謹，飾品的種類繁多，色彩圖紋與社會階級劃分的特徵與排灣族大同小異。傳統上，魯凱族的首飾多使用銅鈴、貝片、貝板、貝珠、獸牙、獸皮（圖42）、羽毛、琉璃珠、銀飾、銅飾等材質製作飾品，同時也喜愛採集自然界中各種植物的花、草、葉或是果實串組成頭飾（圖43），其中又以百合花的頭飾最具特殊性與識別性。

圖42：屏東霧臺魯凱族男子獸皮、獸牙、貝板頭飾、貝板背帶

圖44：屏東三地門青葉部落魯凱族女子百合花頭飾及琉璃珠、銀飾項鍊、貝板背帶

百合花可謂是魯凱族的族花，具有神聖、高貴、聖潔之意，是品德純潔與身分地位的認定（圖44、圖45）。魯凱族女子額前所戴的百合花飾，象徵貞潔；男子頭戴百合花飾，代表的是擅於狩獵的勇士。百合花在魯凱族人心中的精神層次遠超過視覺上的美感裝飾，可說是提昇至代表社會價值與家庭倫理道德的崇高地位了。

除了具有冠冕和獎賞意涵的百合花頭飾，魯凱族的各種首飾和服飾，也同樣必須搭配其相適襯的社會階級地位，所以某些特定的飾品是不可以隨意使用的（圖46）。例如，大冠鷲羽飾和百步蛇圖紋，只有貴族階層才可以配戴；珍貴且神聖的琉璃珠飾物如同排灣族一樣代表不同的社會階層，

不僅是盛裝打扮時的重點，也是傳家之寶，更是結婚下聘禮時的珍品。

魯凱族還有很特別的小米頭飾和花生頭飾，這是在臺灣原住民族群中所獨具的特色首飾。小米頭飾係由不同色澤的小米編織而成，內部襯以植物纖維；而花生頭飾則是以一粒粒的花生排列，用鐵絲串起來並加絲線固定。小米頭飾、花生頭飾同樣不容許隨意配戴，必須是在過去一年中，種植小米或花生等農作物收穫數量最多者，或是小米收成達到一百把的魯凱族人，才有資格配戴，並在節慶祭儀中亮相，成為榮譽的表率（圖47）。

圖43：屏東三地門青葉部落魯凱族女子花草頭飾

圖45：屏東三地門青葉部落魯凱族女子百合花頭飾及琉璃珠、銀飾項鍊

圖46：屏東霧臺好茶部落魯凱族男女貴族獸皮、獸牙頭飾及貝板、琉璃珠飾物

圖47：屏東三地門青葉部落魯凱族收成的小米

鄒/鄒族

鄒族具有精湛的揉皮技術，是其他臺灣原住民族所望塵莫及，因此鄒族男子習慣頭戴皮帽、身穿皮衣褲、胸前配戴皮製背袋（圖 48）。鄒族男子的皮帽材質主要是利用兩片水瓢形狀的軟鹿皮縫製而成，具有保護頭部的作用，平日不會戴上，通常捲起來扣在皮帶上。

此外，男子皮帽必須是接受成年禮之後才能配戴，帽子的頂端會使用羽毛加以裝飾（圖 49），尤其盛裝時，皮帽頂上會插上鷹羽或鷲羽毛一至四根（現在多使用帝雉的羽毛），其意在彰顯男子的勇敢英武及階級地位。其他像是部落中的頭目在舉行重要儀式時，還會特別戴上紅色馬鬃或黑色兔毛混合木檞草所製作而成的帽子（圖 48）；而具有勇士資格的頭目，會在帽子的前緣，再加上

圖 50：嘉義阿里山鄒族具有勇士資格的頭目紅色鬃毛及貝殼帽飾

圖 49：嘉義阿里山鄒族男子皮帽及羽飾

圖 48：嘉義阿里山鄒族男子勇士黑色兔毛皮帽及皮製背袋

圖 51：嘉義阿里山鄒族勇士臂飾、帽飾及耳飾

約 2 吋寬的紅色鬃毛，並搭配珠玉、貝殼、玻璃珠、鈕釦等裝飾（圖 50）。

除了皮帽，臂飾（圖 51）在鄒族社會中也具有特殊意義。根據傳統，唯有曾與山豬搏鬥而獵獲者的勇士，才可配戴用山豬牙製成的臂飾或銅製手鐲以彰顯其榮譽。至於鄒族女子首飾則相較簡樸，過去多以頭巾纏髮，身穿刺繡精美圖案的胸衣為主要裝飾亮點，但目前頭巾的形式較少使用，而改以縫製顏色亮麗的毛線絨球，做為其簡便的帽飾，盛裝時亦會配戴貝殼項鍊及貝殼耳飾以增加個人美感（圖 52）。

圖 52：
嘉義阿里山鄒族女子絨球頭飾及貝殼項鍊

賽/賽夏族

賽夏族的飾品種類主要包括有額帶、頭帽、耳飾、胸飾、腰飾、臂飾、手飾、足飾、臀鈴與舞帽等。早期製作材料多以貝殼（貝板、貝珠）、骨骼、竹材和薏米（薏苡）珠等自然材質為主，但與外族從事交易活動後，又增加了白色鈕釦、彩色塑膠珠、金屬亮片、毛線之類的裝飾材料。

① 額帶：賽夏族男女都習慣以額帶做裝飾，額帶通常是利用長方形布塊做成，男子的額帶在中央鑲上大約 5 公分的大型貝板，或用白色鈕釦平行排列做裝飾；女子則是縫上多個寬約 1 公分，長約 3 公分的長方形貝板，並在上下兩排貝板利用紅線串連，或者亦用白色鈕釦做為平行排列的裝飾，兩側沿著邊緣再用珠串做裝飾，兩端綁帶繫向後方呈下垂的長鬚狀（圖 53、圖 54）。

② 藤帽：賽夏族男子工作時配戴沒有裝飾的藤帽，盛裝時則戴有裝飾物的藤帽，而只有擅獵的勇士才能頭戴有獸毛、獸牙、珠子、小鏡子等裝飾的藤帽，以示榮耀。

③ 耳飾：賽夏族耳飾有三大類型：一種是竹管雕飾的耳軸，平常配戴用；另一種是耳盤，通常是男子配戴，由白色貝板做成類似菇菌類的形狀；第

圖 53：苗栗南庄賽夏族女子額帶與胸飾

圖 54：
苗栗南庄賽夏族女子額帶

三種是耳墜子，多以貝片做成長方形或長梯形，並在上面串上珠串做裝飾，此種耳墜主要是女子配戴裝飾用。

④ 胸飾：賽夏族盛裝時配戴的女子胸飾大多以珠串為主，常圍繞三、四圈後再垂於胸前。製作材料包括貝珠、貝片、山豬牙、薏米（薏苡）珠、鈕扣、塑膠珠等。

⑤ 腰飾與臂飾：賽夏族女子的腰飾多以麻線編織而成，兩端有流蘇綁繫在腰的兩端，垂在臀後；臂飾則是使用貝珠跟長方形貝片串製而成。

⑥ 手飾及足飾：賽夏族手部的裝飾包括有腕飾與戒指。足部的裝飾也有兩種，一種是貝珠足飾，另一種是垂鈴足飾，足飾男女都可配戴，但男子多為年長者配戴。貝珠足飾與貝珠腕飾的形式相近，由許多長方形的小貝板或玻璃珠串連而成；垂鈴足飾則是利用細長的珠串加上銅鈴裝飾。但兩種足飾配戴位置略有差異，貝珠足飾多繫於腳踝、足脛；垂鈴足飾的配戴方式，男子是綁於足脛、女子配戴於大腿。

⑦ 臀鈴：賽夏族在配飾文化上，較為特殊的是矮靈祭祭典上所使用的臀鈴。臀鈴又稱背響，是指「製造音效」的意思，族人不分男女都可配戴。大部分的形狀呈現三角形，中央的主體部分利用棉布包裹，並在外側進行裝飾，裝飾的物品包括小鏡子、珠子、亮片等；另在下緣位置縫上珠鍊、綴飾垂鈴，再垂吊竹管，或是子彈殼、不鏽鋼管，並利用布條或緞帶繞過雙肩再繫於腰後，讓下擺懸垂飾物，配合著舞步擺動，發出叮噹作響的音韻節奏（圖 55、圖 56）。

圖 55 上、圖 56 下：苗栗南庄賽夏族臀鈴

⑧ 舞帽：除了臀鈴之外，矮靈祭典上還會展現賽夏族特有的舞帽，或稱祭帽、姓氏旗、肩旗。舞帽的區分主要是以姓氏為單位，同姓氏的族人合力製作而成，依形狀可分為圓弧形（漏斗形）、長橢圓型（三角形）兩種類型。現今，位在新竹五峰北祭團最主要使用呈圓弧形（漏斗形）的舞帽，又稱神傘或月光旗，主要是利用三叉樹枝做為帽底的支架，縫貼上布塊並在上面裝飾紙片、圓鏡、鈴鐺等；另一種是長橢圓形（三角形）的舞帽，是位在苗栗南庄的南祭團較常使用，這種形狀的舞帽是利用粗桂竹為材料，底部筒型保留，上部則剖開成為開張狀的三叉，使用時直接扛在肩上即可。

圖 57 上、圖 58 下：苗栗南庄向天湖部落賽夏族矮靈祭中的舞帽又稱肩旗、姓氏旗

不過，早期賽夏族的舞帽習慣以白色為底，中央有紅色的圓心，周邊再裝飾上羽毛、圓鏡、銅鈴等飾品；此外，還會在帽筒前插上鹿角做為扶持舞帽時的握手之處，帽架通常是利用桂竹構成，中間再以線拉緊呈弧形。日治時期則因舞帽的體積沒有現代的大，多習慣直接頂在頭上；現今的舞帽，則已將之前套頭的部分改變成為長把手，扛負於肩上。不過，無論舞帽形式如何變遷或是南北略有差異，不變的是在賽夏族矮靈祭歌舞進行當中，各個姓氏家族所屬的年輕力壯男子，仍舊會將舞帽背扛在身上並且在蛇行的舞隊中來回穿梭，具有引導祭典與榮耀家族的重要作用（圖57、圖58）。

部落再傳咚咚聲
織女覓回失傳百年的技藝

　　這些年與賽夏族結緣多次，期間也超過了十年，真正比較深入的情感連結是 2021 年，我在龍華科大 USR 大學社會責任實踐計畫關懷的對象是苗栗縣南庄鄉的東河地區。

　　與賽夏結緣的關鍵人是風順恩女士，2020 年 1 月她特地安排東河地區多位織女讓我拍攝服飾，兩個月之後織女們重製百年老衣在賽夏族文物館展出，當天還看了重製老衣的紀錄片，織女的精神頗令人感動！ 我相信因為織女的

心美，重製的服飾才會如此的美！有了感動自然就會有行動，隔年我就向任職的龍華科大提出 USR 計畫，很慶幸地獲得通過，於是我帶著學生拍攝賽夏族失傳百年織布的故事，另外也寫了劇情片織心的劇本，我希望外界能多認識賽夏族的文化，尤其是令我尊敬的織女。2021 年底、2022 年初紀錄片與劇情片都已對外發表，劇情片織心也交給了教育部完成了青發署的申請計畫。

因為有心才能做到文藝復興

在探討與記錄賽夏族織路的過程時，風順恩、風麗珠、潘麗鎂女士幫了不少的忙。風順恩族名 ya' aw a kalih baba:i'，1999 年開始接觸織布，當時想要了解織布的技法，從文獻或書籍裡找是不可能的。順恩去拜訪賽夏唯一會織布的耆老，請她來教織布卻碰了一鼻子的灰，當時順恩含著淚水告訴自己一定要想辦法找回織紋。就在 2014 年尤瑪達陸到部落開了工作坊會議後，順恩當場向林淑莉老師、余成益、吳金燕表達了訴求與想法後，復振的工作於 2015 年開始，也讓東河地區的婦女有機會可以學習織布。

學習織布需要有參考範本，博物館除了提供學術研究，地方若有需求，博物館也可提供其所需，除了部落的高家與風家提供了百年老衣外，史前博物館與臺大人類學博物館也幫了很大的忙，賽夏多位織女多次進入博物館繪圖並做記錄，如何分析織紋結構、緯密度、以及用對色票。

賽夏的織紋用肉眼是看不出技法的，當時學習的織法以泰雅的居多，但賽夏族是挑花夾織，背面看不到緯線，如果沒有夾織技法的概念，只能望圖興嘆無從織起。當時淑莉老師與金燕分析織紋，賽夏織女就負責織布（風順恩口述，2020）。

賽夏織女潘麗鎂：族名 tiwaSa' omawSa:wan，麗鎂的織布老師是她的母親，早期為了要請教母親，她把地機放在摩托車踏墊，從頭份騎四十分鐘到東河。地機是麗鎂的拿手，地機也是臺灣原住民傳統的織布工具，工作時須席地而坐而又稱之為「水平背帶織布機」，地機在織布時打緯線會發出咚咚的聲響，因此老一輩人又稱織布為「咚咚」。麗鎂身為高家的媳婦，一心想把夫家的家常服如期完成並展出，至今仍為兒孫繼續慈母手中線，把高家的衣服一件一件的織出，穿在高家人的身上。

賽夏族織事

織女的手織服終於在祭典裡出現

　　賽夏織女風麗珠：族名 lalaw a bo:ong baba:i'，令她印象最深刻的是年幼第一次參加矮靈祭，她問父親為什麼我們沒有穿傳統服飾，她的父親說小孩子不要亂問！這讓麗珠對家裡沒有傳統服飾而起了懸念！高中時當老師給她看一張賽夏族傳統服飾照片的時候，她完全沒有概念，還懷疑眼前所見的衣服是否為賽夏，因為麗珠對賽夏族服飾太陌生了。二十多歲有機會到臺中原住民技藝研習中心上織布課，老師對著麗珠說妳們賽夏族的織布是最厲害的！原住民的紅色也只有妳們才有喔！這句話深深烙在麗珠的心裡。過了多年，當麗珠 2016 年開始在部落學習織布的時候，她的母親聽到織布的咚咚聲非常的高興，麗珠的母親曾說過，即使是她的母親在部落這麼多年也都沒有聽過部落有人在織布，可見東河的賽夏族織布失傳了有百年之久。

　　成立了三年的工作坊終於在 2016 年底為了配合矮靈祭十年一大祭，於是有了第一次的成果發表，每一位織女以責任制的方式發表自己的織品。發表的當天織女都非常高興，甚至喜極而泣，因為那遙遠不可及的織路終於撥雲見日，賽夏族的織紋在努力與毅力的堅持下找了回來。如今傳統服飾出現在祭場上，看到家人穿著自己親手織出的族服，那種驕傲不是三言兩語可以道盡，這樣的驕傲不僅光宗耀祖，也不負於賽夏的祖訓 Kaspengan，而且把傳統的文化價值讓多元族群的臺灣都看見了！

文/
導演　李明

雅/ # 雅美(達悟)族

　　雅美族是臺灣地區唯一的海洋民族，也是臺灣原住民中唯一具有熔銀冶金技術的民族。由於蘭嶼島上並無金銀礦產，有研究認為金飾的冶煉技術及原料可能是由巴丹島傳入，而銀器的原料可能來自於附近海域中的沉船或是與外地商人交易而來。雅美族的金銀物品多為裝飾性的首飾，除了增加美感與誇示財富之外，也會將金片用於巫師的做法與治病，以及在祭祀儀式中使用金片，藉以祈求豐收與平安。總體而言，雅美族的服飾與用色相對簡單樸素，但習慣以各式各樣、多彩多姿的飾品來增添個人衣著的美感與彰顯社會地位，飾品種類大致可分為頭帽、頭飾、髮飾、耳飾、頸飾、胸飾、手飾與腳飾等。

　　頭帽方面雅美族人會隨著場合配戴不同材質與式樣的帽子，並且男女有別。其中，禮帽只有受族人敬重的男女才能配戴，包括獨特的銀盔、椰鬚禮笠和木製八角形禮帽。禮帽中又以銀片拼製而成的銀盔最為珍貴是雅美族人的傳家之寶，專屬於男子的禮帽；銀盔的製作，是將數條長條弧形的薄銀片，由下而上層層圈繞套於木製的模子上，形成圓錐狀的頭盔，圈與圈之間會以銅絲固定，銀盔是一頂「全罩式」的巨大帽子，戴上時頭部會被整個遮住，必須在眼睛的位置，開一個或兩個長方形的孔洞，方便觀看與行走（圖59）。

圖 59 左：臺東蘭嶼雅美族男子銀盔及銀片、銅片、串珠項鍊
圖 60 右：臺東蘭嶼雅美族女子頭飾及貝片、瑪瑙項鍊

　　椰鬚禮笠是男女通用的禮帽，以竹子細條做為斗笠的骨幹，水籐或乳籐做為帽環，再以椰子樹的葉鬚紮成；整體帽冠較淺、帽簷細窄且平伸至帽頂，因此是一頂呈傘狀的扁圓形禮笠。椰鬚笠頂上安置小型的圓木板，圓板中間裝飾一個突出的小木棒，圓板上刻有連續的三角紋與太陽紋，椰鬚禮笠主要是在儀禮中配戴。女子專用禮帽是由木頭雕刻的八角形禮帽，風格亦甚為特殊且引人注目。男女的首飾則多由金、銀、黃銅或螺殼打造製成；或以瑪瑙、玻璃珠、貝殼串起；或是由珍母貝製成梯形貝飾，加上島上特產的山羊毛或果實綴飾而成（圖59、圖60）。

邵/邵族

邵族人喜愛以貝類、金屬製品、麻、藤以及獸牙、獸骨（圖 61、圖 62、圖 63）等做為裝飾材料，除了頭飾與胸飾之外，尚有耳飾、頸飾、腕飾、臂飾、指飾、腰飾、腿飾、踝飾等。其中，臂飾若是使用野豬牙製作而成，主要在彰顯男子的英雄氣概，因為只有勇士才有資格將獸牙配戴在臂飾上。

腕飾大多由貝類和金屬製品等材質製成，貝珠串製成的腕飾是男女通用的裝飾品，但是金屬手鐲一般只有婦女會穿戴。男女項鍊則多以貝珠、白色長方貝片、瑪瑙珠，綁成二、三環環繞在頸部（圖 63、圖 64），並在胸前垂掛許多貝片串。頸飾的結構較為簡單，一般由四個貝珠釘在以藤編的長帶子上，長帶的兩端再用麻線用來繫結，貝珠頸飾和項鍊都是邵族男女珍貴的飾物。

早期邵族的男、女成年人因蓄留長髮，平常居家時頭髮自然下垂或盤於頭頂上，在從事狩獵、戰鬥或是工作之時，為了安全與便利，會將頭髮從中間分開，然後梳向後方，盤整於頭頂再綁上素色頭巾，或者使用麻線或藤繩穿上長方形的貝片或貝珠製成美麗的髮箍，壓住頭髮並且當成裝飾品。

圖 62：南投日月潭邵族男子軟皮帽及貝板額飾

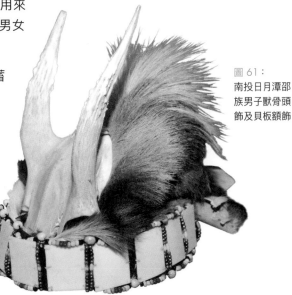

圖 61：
南投日月潭邵族男子獸骨頭飾及貝板額飾

圖 63：南投日月潭邵族女子綴珠頭飾及獸角串珠項鍊

圖 64：南投日月潭邵族女子塑膠花頭飾及串珠項鍊

　　兼具梳整頭髮與裝飾功能的髮箍，一直深受邵族男女的喜愛與通用。除了頭巾、髮箍，在邵族的傳統頭飾中，男子以鹿或兔皮揉製而成的軟皮帽為主，男子額帶則以交易而來的螺片、貝板和貝珠將之串連成額飾，環繞在額頭上，或是繫之於皮帽上（圖61）；女子的額飾則多以布條做底，再縫上亮片與珍珠，且在耳鬢部位縫綴小珠子做成的流蘇串，綁帶則繫於腦後（圖63）。

　　另外，依據邵族的習俗，每當舉行豐年祭時，不管男女老少都會戴上花草編成的花環，用以驅邪。傳統的花環採自有香味的野草，將野草綁束成一個香草圈戴在頭上；現在邵族人依然保有豐年祭頭戴花環的習俗，只是蔓藤、鮮花已被鮮艷的塑膠花飾所取代（圖64）。

噶瑪蘭族

噶瑪蘭族的飾物主要有頭飾、頸飾、耳飾、臂飾、腕飾及足飾等。《噶瑪蘭廳志》中曾提到：「噶瑪蘭族好雜色玩珠，有如榴子大者，有類瑪瑙形者，有小如魚目者，編串成圍，遇社中有事，不拘大小，輒妝頭掛頸，與紅色碧璣諸色物，鋪陳門首，以相誇耀。」文獻中顯示噶瑪蘭族人每當社中有慶典祭儀時，大人小孩必盛裝參加祭舞。族人尤其喜愛將各種顏色的瑪瑙珠或雜色珠串成鍊，配戴於頸部與胸前、手肘與腳環（圖 65）。可惜噶瑪蘭族因遷徙與散居，雖然完成正名，但傳統的工藝與飾品多已遺失，正積極復刻中。

圖 65：花蓮豐濱新社部落噶瑪蘭族女子頭飾及串珠項鍊

太魯閣族

太魯閣族人出席祭典等重要日子時，會盛裝打扮將整套手工的飾物與配件一一展現出來，全身的配件都被視為是個人擁有的珍寶。太魯閣族的飾品包括有帽飾、頭飾、耳飾、頸飾、腕飾、臂飾、腰帶與腳飾等。早期的飾品主要運用獸牙、獸骨（圖 66）、貝珠、貝板、竹管、薏米珠等天然材料製作；晚期

圖 66：花蓮太魯閣族男子傳統獸皮獸骨頭飾

圖 67：花蓮太魯閣族女子現代頭飾及塑膠珠項鍊

則透過以物易物等方式取得鈕扣、塑膠珠、亮片、毛線、銅鈴等漢人常用的首飾
材料，並應用這些材料創作出各種亮眼的裝飾品 (圖 67、圖 68)。

圖 68：花蓮太魯閣族女子現代整體首飾

撒 撒奇萊雅族

圖 69：花蓮撒奇萊雅族男女頭飾

圖 70：花蓮撒奇萊雅族男子頭飾及背袋

圖 72：花蓮撒奇萊雅族女子頭飾

　　撒奇萊雅族的傳統飾物因為多已遺失，族人們於正名後積極復刻文物，以土金色為族群的主色，並以刺竹及眼淚珠為圖騰，表示不忘故土的決心以及族群遷徙的辛酸。男女頭飾均以凝血色為底色（圖 69），男子頭飾與背袋（文化袋，又稱情人袋）上的三角形圖紋，代表原居住地奇萊山上的三角石神話故事，與犧牲、奉獻、貞潔的三種精神，金色串珠代表財富（圖 70、圖 71）。

女子頭飾多綴飾白色串珠，代表眼淚，綠色串珠代表部落圍牆植物刺竹；貝殼代表與海洋的淵源以及發源地；咖啡色和墨綠色碎片代表祖先逃難時沾在衣服上的樹枝、草及泥巴（圖72）。男女頭飾的尾巾均長及背部。此外，女子的腳套也同樣搭配以咖啡色及墨綠色為主色，代表勿忘祖先苦難的意涵（圖73）。

圖 73：花蓮撒奇萊雅族女子腳套　　圖 71：花蓮撒奇萊雅族背袋又稱文化袋（情人袋）

賽/賽德克族

賽德克族主要首飾種類包括有頭飾、額飾、耳飾、頸飾、胸飾、腕飾等等，但因地理環境的區隔，各地賽德克族的服飾與首飾在型式或用色上略有差異，呈現了多元的風貌；不過，紅色一直是賽德克族人最愛的主色，因為紅色代表血液、生命和力量。

此外，賽德克族傳統的勇士額飾，會掛有動物骨頭磨製而成的白色圓形串珠，以顯示男子的勇敢與功績，但

圖 74：南投仁愛春陽部落賽德克族女子貝類串珠項鍊

圖 75、圖 75-1　南投仁愛清流部落賽德克女子貝類耳飾、頸飾（左），及男子貝類頸飾（右）；服飾均為部落生活學堂活動文創改良服飾

須經過頭目認證後才可配戴。賽德克族的傳統女子頸飾、胸飾則習以苡薏珠、貝類，以及動物骨骼等來製成環形串珠（圖74、圖74-1、圖75）；男子多配戴串有山豬獠牙、動物獸角或貝類的頸飾或頭飾（圖75-1）。賽德克族的傳統耳飾、耳環、耳棒也相當具有代表性，傳統的男女耳環會採用動物骨骼製成，耳棒則用木質或竹棒磨製，不過現今的女子耳飾還會加上七彩陶珠或串連的苡薏珠，讓配色更加亮麗（圖76）。

圖 74-1：南投仁愛春陽部落賽德克族女子貝類串珠額飾、頸飾及項鍊

圖 76：南投仁愛春陽部落賽德克族女子陶珠及獸骨耳飾

拉 / 拉阿魯哇族

圖 77：高雄桃源高中里美蘭部落拉阿魯哇族男女羽毛頭飾

　　拉阿魯哇族人擅長狩獵，精於揉皮技術，多以山羊皮或山羌皮揉製皮衣、皮帽及皮褲。男子盛裝時頭戴山羊皮帽，帽子前緣鑲有貝殼、帽頂則縫有五根羽毛，其排列為左右各兩根老鷹羽毛，中間插有一根白色的帝雉尾巴羽毛。

　　女子傳統頭飾則多以頭巾纏髮，再插上以公雞羽毛製作的髮髻做為裝飾（圖77），以紀念該族神話中，公雞曾幫助族人與太陽神談判成功而來的傳說典故。

卡 / # 卡那卡那富族

　　卡那卡那富族的男子首飾以鹿皮、山羊皮、羌皮為主要材質，製作程序大致為取皮、張皮、刮皮、揉皮（張、拉、棒、打、揉、搓）等方式。成年男子的基本配飾包括皮帽、皮背袋、皮煙袋、掛腰刀等（圖78）；另外，以羽毛裝飾之皮帽是男子首飾的顯著特徵，頭目、勇士等階級則可以珠玉、貝殼等物件裝飾皮帽（圖79）。未成年的女子頭飾僅能纏黑布，成年女子在婚禮或大祭時，可配戴用珠子

圖 78：高雄那瑪夏卡那卡那富族男子羽毛皮帽、皮背袋及腰刀

圖 79：高雄那瑪夏卡那卡那富族男子貝殼皮帽

圖 80：高雄那瑪夏卡那卡那富族女子絨球頭飾

縫製並有挑織紋樣的額帶，取代平日之黑色頭巾，不過現代成年女子頭飾多以亮麗的絨球與綴珠等飾物加以裝飾（圖 80）。

第三節 │首飾特色技藝│
向世人展現獨特的美感與設計

綜觀上述臺灣原住民族十六族的整體首飾文化藝術特徵，可了解首飾的配戴不僅是個人榮譽與身分地位的表徵，更可說是揉合了族群傳統生活經驗與歷史記憶。首飾中的各種創作元素與圖騰，也充分表達出臺灣原住民族對祖靈的信仰以及對歷史文化的認同。從首飾的材質、製作與搭配的變化，也可追溯出臺灣原住民族早期的生活態樣，一方面取材自生活周遭的自然界，其後有些透過與其他族交易而來的貝類與金、銀、銅、鐵等材質，現代再加入毛線、絨球、亮片、塑膠珠、玻璃珠、鈴鐺等飾物，使其首飾創作的技藝越趨多元與豐富（圖81）。製作技藝主要歸納為 12 類：

① 金銀銅鐵鍛鑄、焊接、鑲嵌、串縫

② 琉璃珠、陶珠燒製、串鍊

③ 製皮工藝

④ 貝殼、動物牙齒、骨骼、礦石磨製、鑲嵌、串接

⑤ 木雕、竹刻

⑥ 羽毛技藝

⑦ 花藝、花環、草環

圖 81：
屏東牡丹部落南排灣族女子現代多元素材頭飾

⑧ 繩編、藤編、樹皮、草葉編藝

⑨ 流蘇、絨球製作

⑩ 串珠、鈕扣、種子縱綴與橫綴

⑪ 刺繡工藝

⑫ 織布工藝

七大特色配件，傳統與現代融合運用

　　臺灣原住民族的首飾技藝是傳統生活知識、自然資源運用以及與他族文化交流的綜合表現。以下所選取的幾項常見的首飾配件，亦是透過傳統與現代技藝的融合運用，並且以配戴的方式來身體力行，向世人展現原住民族首飾中獨特的美感與設計。

（一）琉璃珠

　　琉璃珠又稱蜻蜓珠，在臺灣原住民族各族首飾中均曾有過蹤跡，目前以排灣族、魯凱族保存最為完整，深具傳統價值（圖82）。由於古琉璃珠十分罕有，早期在排灣族與魯凱族的婚禮中，琉璃珠是不可或缺的婚姻聘禮，具有降福或是護身等意涵，是家族傳承的寶物，唯有在婚嫁或是賠償時才會流入他人手中。

圖 82：屏東三地門排灣族珍貴的古琉璃珠

在傳統部落社會中，只有頭目階級才能擁有高價值的琉璃珠，平民只配有一般的琉璃珠，因此透過配戴琉璃珠或穿著琉璃珠綴繡的衣物，可以彰顯貴族階級與社會地位。

琉璃珠就是玻璃珠，但兩者製作的時期早晚有別。琉璃珠製作的時間較早，約指十七世紀以前用古老技術燒製的一款不透明的彩色珠子，有學者推測是用類似燒陶的方式製作而成，現今又稱為「古琉璃珠」；玻璃珠則指十七世紀以後製作的透明且具光澤的彩色珠子，現代琉璃珠製作技術創新，多以瓦斯噴燈燒製玻璃珠的方法創作。可惜的是古琉璃珠的傳統製作方式已經失傳；有別於傳統琉璃珠珠色多以橙、黃、綠、藍為主，近年的

琉璃珠則又多出現紅、白、黑等顏色，紋樣則有波浪、人形、羽毛以及眼睛等圖案，依各個琉璃珠的代表涵義不同而定。

若依大小形制來區分琉璃珠的種類，可以清楚劃分為三種品項：大型琉璃珠（1～2公分）、小型琉璃珠（3～5公釐）、細小型琉璃珠（1～2公釐），其中還有介於5公釐～1公分之間的琉璃珠稱為中型琉璃珠，但因數量少且主要僅有襯托性的裝飾功能，並不居於主體位置，所以未將其歸為一類。一般而言，大型珠較明顯且貴重，使用範圍較固定；小型珠主要常見於各種裝飾品中；細小珠則廣見於各類衣飾上。三種類型的珠子有時也會一起應用，如單串胸飾多由

圖85：南投仁愛春陽部落賽德克族絨球飾品

圖84：高雄那瑪夏
卡那卡那富族女子
繩編與絨球首飾

大型珠與小型珠所共同組成；複串胸飾除了使用大型與小形珠連串之外，還會加上細小珠共同串成。

現今，每一顆珍貴的琉璃珠，不只是做為身分的識別，也具有其各自所代表的不同用途、含意與歷史傳說，因此被視為臺灣原住民族工藝中特有的圖紋象徵。琉璃珠有相當多的種類、樣式及佩掛方式，排灣族貴族階級最常將琉璃珠串連做為項鍊，而在項鍊中央位置的是琉璃珠中最為貴重的珠子，稱為 mulimulidan，意思是漂亮、高貴，且唯有頭目可以配戴，然後搭配如太陽之珠、手腳之珠、孔雀之珠、勇士之珠、眼睛之珠、土地之珠、幸運之珠等等不同意義的琉璃珠串。當前臺灣原住民族琉璃珠的紀錄，散見於各單位及專家學者的田野調查紀錄，

圖 83：花蓮秀林太魯閣族女子繩編首飾

例如中研院的原住民文化館中保存十二種琉璃珠、臺東金鋒社教站的社教資源留存九種琉璃珠以及製作方法和流程、排灣族人巫瑪斯的田野調查則記錄多達三十五種琉璃珠珠譜。

（二）繩編、絨球

臺灣原住民族婦女早期製作繩編的主要原料是採集苧麻，苧麻線的製作須先剝取苧麻表皮、曬乾、挑紗、紡線再經過清水的洗滌，使其纖維組織更加堅韌、不易斷裂；為增加麻線色彩的變化，原住民婦女也會利用植物或礦物做為染料，大多染為紅、綠、黃、藍等主色，彩色的繩編裝飾使臺灣原住民的配飾更加炫目（圖 83）。

彩色繩編的裝飾主要是運用在各族群的頭飾上，從泛文面族群（泰雅族、太魯閣族、賽德克族）簡單搭配貝殼的額飾，到卑南族人搭配絨球及花朵增加色彩與美觀，以及布農族、排灣族、魯凱族利用繩編串製獸骨、鈴鐺做頭飾，甚至是阿美族人、邵族人、賽夏族人在繩編的頭飾插上不同的羽毛顯示勇士的英勇，繩編可以說是原住民族頭飾的基本技藝。至於繩編搭配彩色毛線製成的絨球，傳統上多出現在阿美族、卑南族以及鄒族的配飾中，因毛線製作的絨球小巧多彩，深受各族喜愛，近年也逐漸被縫製在其他族群的各項首飾上（圖 84、圖 85）。

（三）羽毛

臺灣原住民族中會在頭飾上插有羽毛的族群中，以阿美族、卑南族、排灣

圖87：屏東三地門青山部落北排灣族男子貴族獸皮獸牙頭飾

圖88 左上、右：屏東來義鄉古樓部落中排灣族男子頭目獸牙及羽毛頭飾
左下：屏東霧臺魯凱族女子貴族獸牙頭飾

族、魯凱族、鄒族、賽夏族、邵族、噶瑪蘭族、撒奇萊雅族、拉阿魯哇族等族群為主（圖86、圖88）；各族配戴羽毛的種類繁多，例如鄒族男子皮帽上的帝雉尾羽、阿美族女子的頭冠綁上白色羽絨並插上孔雀羽毛，以及排灣族、魯凱族頭目階級才能夠配戴的雄鷹飛羽。羽飾之配戴，主要是為了彰顯權貴地位、強化年齡階級區分，以及凝聚族群向心力。

現今多數族群首飾所配戴的羽毛已經逐漸不拘形式，比如阿美族男子傳統上，能配戴羽毛的男子代表已經晉升為熟齡階級的一員，須肩負守護部落與族人的安全，此羽冠的羽毛也應取自個人狩獵所得，展現自身能力。隨著時代變遷，羽冠多改以方便取得的鵝毛或雞羽替代，阿美族的大羽冠也只有在豐年祭時才會特別出場展現。

（四）獸骨、獸牙、獸皮

多數的臺灣原住民族均有狩獵的文化，族人視獵人獵獲多寡做為榮耀與能力的象徵，所以吃完動物後要留下獸骨、獸牙，並放在獸骨屋每年供

圖 86：屏東三地門青山部落
北排灣族女子羽飾

獸骨、獸牙（圖 87、圖 88），不過，在排灣族及魯凱族的傳統服飾中，女子也會依其身分的高低配有不同數量的獸骨，以顯示貴賤之分（圖 88 左下）。此外，原住民族人也會將狩獵來的獸皮製作成皮帽或其他皮飾品，其意義等同於佩掛獸骨，可做為個人能力的表徵，同時也具有禦寒以及保護身體重要部位的作用。

（五）花環

花環是臺灣原住民族首飾文化中的一大特色。美麗的花草頭飾豐富了原住民族整體衣著的視覺效果，各族之間不同的花環材質、形制與配戴方式，也代表著不同的部落社會意涵。其中，花環的裝飾傳統以邵族、卑南族以及魯凱族最具識別性。邵族族人在舉行豐年祭的時候，不管男、女或

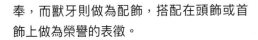

奉，而獸牙則做為配飾，搭配在頭飾或首飾上做為榮譽的表徵。

臺灣原住民族大多利用山豬、山羌、山羊、雲豹等動物的牙齒、頭蓋骨或皮毛做為頭飾。通常只有男子的頭飾才會配戴

大人、小孩都要配戴香草頭飾，用以驅邪；所戴的頭飾傳統上是採自具有香味的野草，並將香草綁束成一個頭圈後裝戴，有時也會再插上野花做為點綴。

卑南族族人在慶典時也都頭戴花環（圖89），不只用顏色鮮豔的花卉做

裝飾，有時也會搭配蕨類做成花草環圈，但卑南族人頭戴花環所代表的是男子成年之意涵，未成年男子只能頭戴蕨類做成的草圈，這項花環的傳統是臺灣原住民族群中所獨具的。

魯凱族則習慣將臺灣野百合插在頭飾上，做為男子權勢地位的象徵，因為只有貴族或公認有功績的男子才可以插戴，而杜鵑花環是有狩獵績效的男子才可以配戴；此外，在魯凱族的花環文化中，百合花盛開的時節，任何女子皆可以配戴百合花環，但若

圖91：南投日月潭邵族女子綴珠與鈴鐺首飾

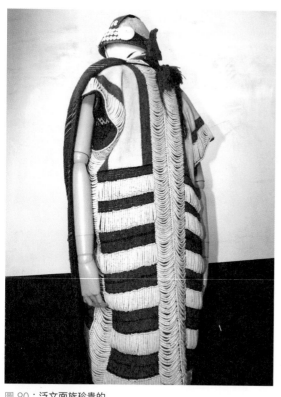

圖90：泛文面族珍貴的
貝珠服飾與配飾
感謝邱若龍先生
提供作品拍攝

圖89：臺東卑南
族聯合年祭中的
女子花環頭飾

是百合花中間夾飾一朵紅色的金鳳花，則須經過結婚、結親儀式的女子才能配戴，而此花環在魯凱族傳統習俗中，被視為是完整的「女子百合花飾」。

事實上，在臺灣各個原住民族族群中，有時也會依照不同的季節，取用不同種類的花朵來編成花圈、花環或花飾。例如，臺灣野外常見萬壽菊、長春花、山櫻花、杜鵑花、鵝掌藤花等等，都是常用來做成花環的素材。除了亮麗的花朵之外，女孩們也常會採集具有特殊香氣的香草來串編自己的長髮。不過，由於目前生活方式變遷，造成對花環頭飾的價值觀產生改變，加上外來種的植物種類繁多，使得具有榮耀象徵的百合花、杜鵑花，或是具有避邪含意的香草花環，出現了大量的替代品，甚至多以頭戴方便取得且可長久保存的塑膠花環，這些改變均對傳統原住民花環文化造成深遠的影響。

（六）貝串

傳統上臺灣原住民族的飾物配件來源，除了琉璃珠、羽毛、獸牙，就屬貝串的使用最為廣泛且珍貴。在排灣族與魯凱族的社會階級劃分上，貝串是專屬貴族之飾物；泛文面族則是把向漢人購買的白色貝殼切成圓筒細片，再磨成細小的貝珠，成串貝珠綴縫於服飾及飾品上，成為近年被世人視為極品珍藏的「貝珠服飾與配飾」（圖90）。

此外，鄒族男子首飾中的一大特色即是裝飾有精美貝串的背帶與配飾，由於鄒族的主要生活區域以山林為主，要到達海岸必須翻山越嶺並且穿過異族的部落，所以鄒族男子若能到達海邊取得貝殼做為飾品，將蒐集的貝類串成貝串，除了美觀之外，更成為武勇的象徵，也因此鄒族早期只有頭目和勇士可以將貝珠、貝殼裝飾在皮帽上。

實際上，貝類過去曾是原住民社會中流通的貨幣，然而如今，貝珠或貝片製成的貝串主要被當作豪華的飾物佩帶，一般將其裝飾在帽飾、頭飾、耳飾、頸飾、胸飾、腰飾、臂飾、手飾以及足飾等等飾品上面，以展現個人美感與身分地位。

（七）綴珠、鈴鐺

「綴珠」是指利用線將不同顏色的細小型琉璃珠、玻璃珠、銀飾或搭配鈴鐺串接起來，再使用縱綴法縫於飾品的邊緣上或是使用橫綴法直接貼縫於首飾上，美麗且材質珍貴的綴珠也是象徵身分及階級地位的飾品。傳統上，綴珠有串接單色，或是組合多種顏色的細小彩珠而串成長串狀的綴飾。縱縫法的綴珠末端若再串接鈴鐺，可配合身體的舞動而產生具有節奏感的聲音效果。綴珠與鈴鐺的搭配常見於臺灣原住民各族的首飾配件中，不過近年來也有族人將各色塑膠細管切成小段，或以塑膠珠、亮片等素材替代之（圖91）。

綜觀臺灣原住民族令人目不暇給的華麗首飾品項，其中有許多常見的配件與材質，不僅受到各族的喜愛與通用，也可因此窺見各族的交流文化與遷徙歷史。而部分族群所特有與流傳下來的首飾與圖騰，更充分展現了延續傳統臺灣原住民族文化與部落美學的重責大任。

年近九十
張媽媽的織布人生

　　賽德克是 2008 年才正名的民族，三年後因為電影「賽德克巴萊」聲名大噪，賽德克族一下之間成了眾人所熟悉的響噹噹族名！當時也帶動了臺灣對原住民文化的一股熱潮！

　　2012 年的春天因為一個機會，要為張媽媽拍攝一本書《織不完的故事》，前後走訪張媽媽長達一年的時間，發現張媽媽是很有故事，也是原民織布界很具代表的國寶級人物！

織得巧、織得美成就了社會地位

　　張媽媽漢名張胡愛妹（族名 Bakan Nawi），1934 年生於南投縣仁愛鄉都達村平和部落，張媽媽的織布故事有如過去原住民婦女織布的人生。在張媽媽的那個年代七歲就要開始學編織帶，跟誰學呢？臺灣原住民的織布是不外傳的家文化，都是跟著母親學，聽著長輩的口述把織布的技藝記在心頭，織出自己家族獨有的圖文，賽德克跟泰雅、太魯閣族一樣沒有階級制，不論男或女，能力就成了部落的社會地位，誰織得巧、織得美立即決定在部落講話的大小聲，十四、十五歲以前的女孩都潛心想把布織好，而且也要會種苧麻、處理苧麻成為織布所用的紗線。

　　十六歲那年張媽媽用平織完成了第一件織品——大的蓋被，接著就跟媽媽學更難一點的挑織，十八歲張媽媽終於學會米粒織，至於菱形織的祖靈之眼則是未來的織學。最重要的十八歲是少女準備嫁妝的時候，在婚前不僅要學會多種織布的技法，還要織出許多的布料與被蓋，有了這些嫁妝不僅提升了社會地位，也讓父母可以有信心的對外提親，年輕貌美的張媽媽早已是被暗戀的對象而不自知。

賽德克的落跑新娘

　　過去部落的婚姻都屬媒妁之言，雙方父母談妥即可，當這檔婚姻

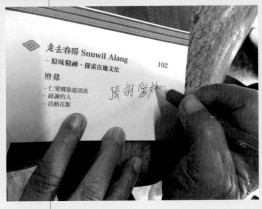

走去春陽 Snuwil Alang
－原味精神，探索在地文化
102

附錄
－仁愛鄉旅遊資訊
－感謝的人
－活動花絮

張胡愛妹

　　講好張媽媽卻不知情。婚姻是有對價的關係，男方家要有一點財力，女方家的父母要會持家，他們的女兒一定也能持家。看上張媽媽的男方是同部落的張文旺Basaw Temu 家族，也就是張媽媽現在的先生，一位慈眉善目的好先生張伯伯。

　　張伯伯在張媽媽十六歲的時候就很喜歡她，十八歲訂了親的張媽媽自覺還年輕，甚至不懂什麼叫做戀愛，更不懂什麼是婚姻。當看到男方的人到家裡來娶親，說什麼都不願意，張媽媽歷經了挨打、責罵仍然要落跑，部落的領袖一行人將她從外面背了回張家，張媽媽還是想辦法跑掉，這期間她跑去山地青年服務社四處演唱勞軍，讓張家足足等了將近三年，不管怎麼說當時的 Basaw 張伯伯就是喜歡張媽媽。

　　二十歲的張媽媽終於懷了第一個孩子，也算是有了自己的天地，為母則強也必須擔起家計，二十一歲張媽媽跟著母親學會最難的花織及米粒織，同時也成立了工作室貼補家用。還記得張媽媽八歲的時候，她的父親親手幫她做了迷你織布機完成織帶的編織，如今成立了工作室，張伯伯也幫張媽媽完成了織具；多年以後張媽媽年紀已長，在春陽國小教七、八歲小女生織布，小小織布機仍然是張伯伯親手打造，賢伉儷就像一針一線縫的綿密情深，令人稱羨！

「女人會織布，才能平安走過彩虹橋」

　　年近九十的張媽媽一生奉獻織布，臺灣光復後外籍女子專程到霧社跟她學織布。在 1970 年代省政府時期所推行的家庭即工廠（客廳即工場），張媽媽遠赴花蓮吉安鄉教阿美族婦女織布與織衣，同時也帶動了南投仁愛鄉婦女的織布，讓仁愛鄉的織品能在日月潭成為商品販賣，當然也帶動了當地的產業經濟。

　　張媽媽的母親在部落就很會織布，張媽媽從小耳濡目染也學會了織布，透過織布一代傳一代，祖先的智慧、傳統的價值、文化的創新都在織杼來來回回的聲響裡，這美麗的節奏是臺灣原住民的驕傲，織布是臺灣原住民文化的精髓，就如張媽媽所言：「女人一定要會織布，將來往生之後才能平安走過彩虹橋」。

　　我們一定要讓織布的技藝與織布的故事繼續傳載下去。

文／
導演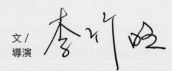

PART 3 織布

臺灣原住民族的織布傳統，具有強烈的族群性、家族性、階級性和地域性。

透過口傳歷史與古織布的保存，原住民族的織布文化迄今依然代代相傳。

透過學習與蒐集前人所採用的自然織布材質，以及理解呈現出來的特殊織布形制、色彩、圖騰、紋飾等等專屬於各族的文化密碼，「手工織布」成為引領族人傳承部落美學的重要媒介之一。

前言

臺灣原住民族的織布傳統，具有強烈的族群性、家族性、階級性和地域性。透過口傳歷史與古織布的保存，臺灣原住民族的織布文化迄今依然代代相傳；因此，「手工織布」可說是臺灣原住民族手工藝中，相當重要的生活記憶與技能。透過學習與蒐集前人所採用的自然織布材質，以及理解呈現出來的特殊織布形制、色彩、圖騰、紋飾等等專屬於各族的文化密碼，「手工織布」成為引領族人傳承部落美學的重要媒介之一（圖1）。

在傳統的臺灣原住民族部落組織中，織布與織線的製作是婦女們負責的主要工作之一。織線材料主要是使用苧麻線，從種植、採收、剝皮（剝麻纖）、曬乾、紡紗、絡

圖1：南投仁愛春陽部落賽德克族
　　「張媽媽織布工坊」

圖2：
南投春陽部落賽
德克族張胡愛妹
女士整理麻線

圖3：
花蓮豐濱新社部落
噶瑪蘭族香蕉絲織
布工坊

紗、煮線、整理麻線（圖2）到織成方布等過程，非常費時、費力；除了常見的麻線，也還有非常費工與細緻的香蕉絲線，主要是利用當地食用性的香蕉樹，從莖部抽取出外層瓣膜，曬乾後將其分絲成線，而後手工編織成為一片片平整光滑的香蕉絲布。

　　但是，因為傳統麻線、香蕉絲線的製作過程相當繁瑣，加上由荷蘭人、日本人、漢人所傳入的棉線與毛線取得相對容易且質地柔軟、色彩豐富，因此漸漸成為臺灣原住民族織布時所大量採用的織線。如今，有感於傳統苧麻線與香蕉絲線的工法可能失傳，遂重新復育苧麻的種植，並且透過教學場域傳承麻線和香蕉絲線的製作技巧，期盼能將「傳統手工織布」這項重要的臺灣原住民族工藝技術，完整地保存下來（圖3）。

第一節 │歷史傳承│

復興傳統染織技術與織線的古老製作工法

　　臺灣原住民族傳統紡織的過程與步驟大致依次為：種麻→剝麻→洗曬→捻線→捲線→紡線→漂染→盤線→整經→織布。傳統織線製成後的染色方式，大多是採用生活中常見的植物、動物或礦物當作染料，常見的染色系，包括紅、黑、藍、黃、褐色等基本自然原色；或者是直接利用草木灰、礦石灰裡的鹼性將苧麻纖維中的雜質去除，進而漂白。不過，近代大多選用市面上購買方便的化學或植物染料，或是直接採用已經染好顏色的棉線或毛線進行織布。因此，傳統的染織技術與麻線、香蕉絲線的古老製作工法一樣，亟需積極正視與傳承。

　　臺灣原住民族的織布技法具有多樣性。織布的傳統工具有移動式水準背帶織布機（水平式織布機）、高機（立式織布機或改良式的轆轤式織布機）、竹筘（小型織布機）、棒針和勾針等。紡織技巧中最簡單且常見的是平織法，可織出規則性十字形交叉的無紋飾布；另外有無夾織花紋，主要是以不同的挑線法穿梭經緯線，織出有菱形浮紋的布。

圖 4：採用多種織法的賽德克族現代手工棉線織布
南投春陽部落張愛妹女士提供拍攝

而織法較為繁複的，包括挑花夾織、浮織，又稱米粒織或雙層織法；這些織法所搭配組合的華麗紋飾和布料，主要是用來縫製祭典或重要場合時所穿著的正式服飾 (圖 4)。傳統上，臺灣原住民族將手工織布上的紋飾與圖案視為個人及家族的智慧與殊榮；也因此，各個族群皆有其具代表性的織造圖騰紋樣，以及所熟練或獨創的織造技術。

織布機的過去、現在和未來

在傳統臺灣原住民族的部落社會中，織布與織線的製作主要由婦女負責，但是織布機的製作則是男子的工作。織布工具一般是由家中長者或父兄所製作，也有部分是委託手工藝傑出者加以訂做。女子的織布工具與男子的狩獵工具一樣，有其特殊禁忌，例如，據傳一套織布工具不能經過兩位男子的手藝來製作或維修，否則將因冒犯禁忌而患疾，但是淘汰舊的機組零件再重新製作則無此限制。其餘的小型紡織工具，婦女可以依自己的織物所需加以製作，例如梭子、挑棒、隔棒、綜棒之類的零組件。

圖 5：泰雅族傳統水平式織布機與整組機件
南投仁愛楊高春系女士提供拍攝／曾春滿攝影

圖 7：臺灣原住民族傳統竹製剝麻器

圖 6：泰雅族婦女示範使用傳統水平式織布機
苗栗工業園區提供拍攝／曾春滿攝影

圖 8：臺灣原住民族傳統木製理經架與經卷箱
苗栗工業園區提供拍攝／曾春滿攝影

（一）水平式織布機（又稱移動式水準背帶織布機、水平式背帶腰織機或地機）

　　臺灣原住民族傳統的「水平式織布機」其整組構成機件有：剝麻器、理經架、經卷箱、固定棒、分經棒、線綜棒、挑織棒、打緯刀、緯梭板、捲布夾等（圖 5）。這套組件基本上具有開口、引緯、打緯、捲取和送經線等五項基本織造功能；每一件工具各有其技術細節與製作材質。水平式織布機，因為織作時經面與地面是保持水平，布的張力靠腰帶的綁繫、足撐經卷箱去支撐，但由於人體身長的限制，

這種織布機織造而成的布匹，其長度、寬度有限（圖6）。手工織布完成後，族人們使用簡單的縫製技術，將織布製成上衣、片裙、披肩等方衣樣式，臺灣原住民族的傳統服裝樣式簡單而樸質。

1 剝麻器（或稱製麻器、刮麻器）

剝麻器為傳統臺灣原住民族織布之前最先使用的工具。其功能在使苧麻的纖維與表皮分離，除去其表皮的雜質後，留下純粹可用的麻纖維，順利抽取出粗長纖維後，必須洗淨、曬乾，才能成為紡線使用。

剝麻器主要是用較粗的竹竿製成，製作方法是取一根長約一公尺的竹竿，選一端為前緣，以刀刃從中間剖開至第一個竹節前的位置，再以小刀把剖開的兩邊以中間為頂，斜削往兩側，稱為「谷」；頂到谷之間有 3 至 5 公分的差距，再將另一邊以同樣的方式把它削好呈弧型，前端開口較大，以便放置苧麻（圖7）。剝麻器由前端側面看過去，形成英文字母的 V 字，谷底是早先剖開的縫隙到第一個竹節前，並將兩端削成銳而鋒利的尖牙狀，故又稱為剝麻器的「牙口」。

2 理經架

理經架（圖8）是調理經線的工具，也是經線在上織機前的最後一道步驟。理經架由一個木製底座及數根支柱組合而成。底座是一塊長方形的厚木板，上面穿有六個或七個小洞，功用在按裝支柱使其穩固便於操作。理經架分為單柱或雙柱，以雙或單支柱決定布疋之長短。位在理經架裡面的線盤是經線，經線的線盤數量視顏色的多少而定。

3 經卷箱

經卷箱（圖9）是傳統水平式織布機最顯著的器形，通常使用樟木、山毛櫸、烏心石等較為堅硬的樹幹鑿空而成，呈現木筒狀的木箱，長約 100 公分，縱斷面的形狀像一拋物線形或弓形，底部略寬而頂部較窄。經卷箱的頂部會切開成一條窄而長的空口，開口的方向與經卷的方向相同，其寬度約為 45 公分，木箱中空的部分可做為平時收納工具組件之用。織布時，婦女必須腳踏木箱並且利用腰部的木夾撐起經線。

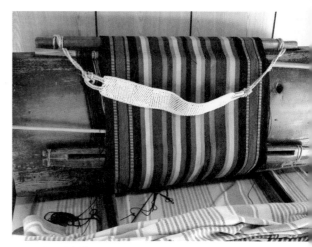

圖 9：賽德克族傳統水平式織布經卷箱
南投春陽部落張胡愛妹女士提供拍攝／曾春滿攝影

4 固定棒

固定棒〔圖10〕一般使用箭竹製作而成。主要用來整理經紗的疏密，並藉以固定出經紗織面的幅寬。

5 分經棒

分經棒〔圖10〕一般以竹子或木質為材料。主要功能在分割經線的奇線和偶線，以便造出梭路。

6 線綜棒

線綜棒〔圖10〕一般以竹子或木質為材料。其作用在於提起纏繞的線綜，製作梭口。

7 挑織棒

挑織棒〔圖10〕以竹材為主要材料。挑織時依據所需的圖紋，以尖端挑起經紗以利緯紗經過，進而產生紋樣。

8 打緯刀

打緯刀〔圖10〕通常是木質的。外形似刀，背短、刃長，背與刃交，形狀似月牙形。打緯刀的功用是一邊平直有刃，以利放入緯線後往內側打緊，使緯線間緊密相連且保持水平；另一邊兩端呈弧形，以利手握。

9 緯梭板

緯梭板〔圖10、圖11〕一般以竹子或木質為材料。主要功用是將緯線穿入經線之間，因此緯梭板表面光滑，中間為一長方形的板狀，兩端各有一叉口，叉口形狀略呈彎形，方便用來纏繞緯線。

10 捲布夾

捲布夾〔圖10〕一般是木質的。主要功能是捲起布匹用以固定經紗。使用方式是由兩根木頭組成夾布器，先將緯線夾住後，繫上腰帶圍繞至腰後，再以夾布器的另一端加以固定。

圖11：
賽德克族
傳統織布
用緯梭板
南投春陽部
落張胡愛妹
女士提供拍
攝／曾春滿
攝影

經卷箱

固定棒

分經棒

線綜棒

挑織棒

打緯刀

緯梭板

捲布夾

圖10：泰雅族水平式織布
機各組件繪圖
臺灣原住民族文化知識網／轉引
自徐雨村，2006，《臺灣南島民
族的社會與文化》

腰帶

11 腰帶

　　傳統水平織布機所使用的腰帶,多以苧麻線、黃藤或皮料等堅韌材質製成。使用時繫於織者腰部後方,用以將人與織機串連在一起 (圖10、圖12)。

圖 12:布農族傳統織布箱及腰帶　花蓮古楓部落卓楓國小提供拍攝／曾春滿攝影

(二) 高機 (又稱立式織布機、改良式的轆轤式織布機)

　　臺灣原住民族傳統的織布機為「水平式背帶腰織機」,但由於織布時須席地而織、綁繫腰帶,伸直雙腳踏住經卷箱以撐開經線,不僅織出的布匹長寬受限於身形,且因腰部受到壓力,無法長時間進行織布工作。根據文獻記載,臺灣原住民地區約於 1913 年間引進日式高織機,當時的日本總督府在各區設置「機業傳習所」或「機業指導所」,並且雇請教師指導原住民族婦女使用日式高織機;後期更引進針織裁縫,以棉線、毛線為材料,改變了臺灣原住民族傳統的織布文化。

　　其後,約於 1960 年間,外籍天主教神父希望透過手工織布的銷售,來改善原住民族地區的經濟條件,因此,自紐西蘭引進「立式織布機」,又稱「高機」或「改良式的轆轤式織布機」 (圖13)。

圖 13:臺灣原住民織布用的高機
(又稱立式織布機)
苗栗工業園區提供拍攝／曾春滿攝影

圖14：苗栗南庄賽夏族小型織布機

　　關於立式織布機引進臺灣的歷史，臺灣研究員侯玟貞在《編織彩虹夢 —— 賽德克文化脈絡下的織布工藝發展》一書中提到：「1960年代，宣教於南投春陽部落天主堂的美籍神父明惠鐸，協助部落婦女推銷傳統手工織布成效頗佳；之後，美籍莊天德神父為了協助該地區的賽德克族人增加織布生產效率，遂由紐西蘭帶入『高機』，並從加拿大引進印地安人的織紋，線材改以容易購買取得的人造纖維，織作而成的布料，除了由神父負責銷售外，亦由漢人批發至各個名勝風景區販售。」

　　新式的「高機」或「立式織布機」，因為改採或坐或站的方式來進行織布，可以直接在織布機上整經理線，使用時方便左右交互穿插梭子編織圖樣，製作織品所需花費的時間較短，布匹長寬度的調整也較為彈性，因此成為近代臺灣原住民族重拾手工織布的新織具。

（三）竹笿（又稱小型織布機）

　　傳統竹笿的簡易組件包括有：剝麻器、理經架、打緯板、梭子等物件。舊式竹笿使用竹子做成笿片，經線從笿齒間通過，再用打緯板把緯紗推向織口，並且控制織物經紗密度和幅寬；織出的布稱為笿布，亦即織紗經過笿片織成的布料。現代小型織布機則款式多樣（圖14），大多為桌上型、體積小且操作簡易，可織出頭帶、手環等小型物件，方便年輕人或小孩子體驗手工織布的樂趣。

（四）棒針和勾針

　　棒針和勾針都是傳統手工編織的主要工具，兩者可以各自單獨使用，也可以彼此搭配混合編織（圖15、圖

16)。棒針顧名思義即為末端削細成針狀的棒，而勾針則為末端磨成勾狀的棒；棒針和勾針皆是引導織線穿梭交疊的針，故又都稱為織針。

棒針使用時，針頭用以引導紗線，棒身讓編織中的編織品邊沿停留，以穩定紗線避免鬆脫，傳統棒針編織時至少要用到兩支或三支棒針，才能交互引線編成織布或衣飾；勾針則利用一只勾狀的針頭，即可將一條或數條混合的織線勾成一片織物，進而將織物組合成衣飾或背袋等生活用品。

傳統的棒針和勾針大多以竹子或木製為主要材料，不過在排灣族和魯凱族的織針中有一款特殊的「羊角勾針」（圖17）。羊角勾針又稱勾網棒，外形類似尖頭的棒針與有握柄的勾針組合。製作時，先將木料削磨製成有凹槽的木柄，一端與磨得尖而細長的山羌角或羊角相組接，另一端則有孔道相通，可以用來纏線。

因此，使用時，織線依順序纏在木柄上，勾織時再依同樣的方式逆向把織線勾成所需的用品。羊角勾針勾織時須配合使用一支長條狀的細木片或竹片，將編織中的織品沿著邊緣拉緊，避免織線鬆脫。魯凱族與排灣族的羊角勾針相似，惟排灣族的勾針較直，勾針在尖端處勾起；魯凱族則是順著山羌角或羊角的弧度作勾狀。

圖 15：泛文面族編織用的竹製棒針和勾針
苗栗工業園區提供拍攝／曾春滿攝影

圖 16：泛文面族編織用的竹製勾針和織品
苗栗工業園區提供拍攝／曾春滿攝影

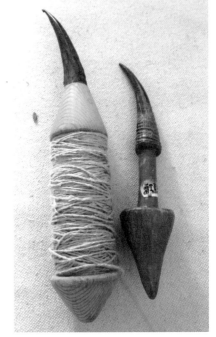

圖 17：排灣族和魯凱族特有的羊角勾針
曾春滿攝影

圖 19：花蓮秀林太魯閣族女子弓織

圖 18：桃園復興區泰雅族
國寶林明福先生手作弓織

圖 20 左、中、右：花蓮秀林太魯閣族女子弓織與織品

（五）弓織

在臺灣原住民族生活器物中，「弓」除了是狩獵專用，也可以當作織帶器，稱為弓織。弓箭的弓是利用弓弦的彈力射箭，而當作織帶器的弓，則是利用弓弦的張力來拉撐經線，進行編織。一般來說，傳統臺灣原住民族的織布工作是專屬於女性，但這種弓形的織帶器則曾是屬於男性的工作（圖 18）。泛文面族群男子出外狩獵時，會就地取材利用木片、竹片、藤條等製成簡易的弓形織布器，再採集山林中常見的藤蔓植物當織線，主要用於編織背簍的背帶或捆綁番刀的帶子。時至今日，泛文面族群使用弓織已不分男女，織出的結實弓織帶更是生活中不可或缺的物件。只是，現今弓織帶的材質也漸漸被棉線、毛線等現代織線所替代了。

弓織因使用材質的不同，又可分為：竹弓、木弓、藤弓。竹弓的竹子，會選擇受風面的竹子，材質上較韌，纖維密度較高，竹弓製作出來的弓織帶，多用於女性使用地機織布時的腰帶；木弓的張力最大，織出來的弓織帶較硬，多用於男子的獵物帶。在泛文面族群中，弓織帶的圖紋比較花俏約屬泰雅族，簡單素雅的則多為太魯閣族（圖 19、圖 20）。

織線的傳統製作技術

圖 21：
苧麻是臺灣原
住民族傳統手工
織布的主要素材

圖 22：南投春陽部落賽德克族張胡愛妹女士使用剝
麻器剝麻纖

臺灣原住民族常用的織線，大多採
自野生或自種的植物，主要編織成袋子、
席子、布料與衣飾等生活物品。編製成
袋子與席子用的植物纖維有草本植物水
龍、單葉鹹草、香蕉樹、構樹等；常用
來織布與製衣用的植物纖維則有苧麻（或
黃麻）、香蕉樹。比較特別的是，蘭嶼島
上的雅美（達悟）族是各族中唯一使用
棕櫚纖維織布的海洋原住民族。

（一）苧麻織線的製作工法

臺灣原住民族傳統織布的材料以苧
麻為主。苧麻生命力強，不需特別照顧，
一年可以採收三至四次，因此成為手工
織布的主要材料（圖 21）。苧麻採收後須
先去除表面雜質與膠質，經過晾曬後，
搓揉纖維成為麻線，最後再進行漂染等
繁複步驟，方能成為織布用的線材。

1 採麻（採莖幹）、剝麻、剝粗皮

傳統手工織布的原料大多是自己種
植的苧麻，割下莖幹，去除麻葉之後，
就可以進行剝麻。剝麻的工具由粗竹竿
製成，稱為剝麻器又稱刮麻器或製麻器。
剝麻者一般會席坐在地面上，兩腿平伸
而微張，兩腳背與地面略呈垂直，並將
剝麻器置於兩腳背之間固定。左手位於
兩腳間，助兩腳以固定剝麻器，右手則
將採下的麻放進剝麻器中，再從剝麻器
的另一邊拉出，利用剝麻器上下兩端削
成尖狀的「牙口」將苧麻的表皮部分刮
去，若採下的苧麻過於高大，右手無法
一次拉盡時，則以右手食指與大拇指間
的虎口做為兩定點，將拉出的麻纏繞其
間，然後再刮上二、三次（圖 22）。

圖 23：正在晾曬的苧麻粗纖維

圖 24：南投春陽部落賽德克族張胡愛妹女士
示範捻紗

　　剝麻時通常以四株麻為一單位，每單位的麻需刮過至少兩遍，才能把表皮去除乾淨，累積二單位成為一束，二十束則為一捆，麻經刮皮處理過後，還須以水沖洗，經日曬晾乾後，才可績麻（或緝麻）成縷，再捻接成編織的紡線。

2 洗麻、淨泡、去膠、曬乾

　　苧麻用剝麻器刮除外皮後，即取得具韌性的粗纖維，但仍須搓洗去除雜質，然後清水淨泡；清洗好的苧麻纖維，須再倒入米糠一同搓揉，以便去除膠質（又稱為脫膠），米糠的功用就是將苧麻纖維中，殘留的膠質與水分迅速吸收；然後以甩打的方式打鬆纖維，使其變得柔軟；最後經由日曬晾乾後，以一把為單位捆綁起來放置（圖 23）。

3 捻紗、捲紗

　　捻紗又稱撚線。早期捻紗的方式有二種，一種為一端用門牙咬住進行捻紗；另外一種是在頭頂或脖子上繞一束生麻，視個人所需要的粗細，用大拇指或食指做析麻的動作，並纏繞在手掌上，繞滿手掌後取下捻線團，將中間綁住，避免散開（圖 24）。捻紗

圖 25：南投春陽部落賽德克族張胡愛妹女士
示範捲紗

圖 26：南投春陽部落賽德克族手拿梭狀捲紗桿的織女

的目的是將較短的麻纖維積揉在一起，便於捻線的形成。

捻紗之後開始捲紗，傳統捲紗的工具是由帶勾的竹桿和堅硬的牛骼骨磨成之紡輪所組成（圖25）。捲紗時，將帶勾的竹桿插入紡輪的中央，使其固定紡墜，稱為捲線桿；再利用紡輪重量，用手搓竹桿，使其連續旋轉而達到捲紗的作用。因此在捲紗時會將捻線團，緒端纏繞在竹桿上固定，然後，再用一手搓動捲線桿，一手拉高並循序釋放手中的麻線，

讓麻線在紡輪上下來回的依序旋轉，加捲至頂端遇勾就停，再重覆依循著同樣的步驟，讓麻纖在捲線桿上慢慢纏成飽滿的梭子狀（圖26）。之後會再小心翼翼地過一下小火，去除纖維上的毛刺，使麻線捲成為堅韌又光滑的麻線，放入籃裡備用。

圖 27：臺灣原住民族常用染褐色植物薯榔

4 紡紗、絡紗

　　捲紗處理好後便可以開始紡紗，紡紗或稱絡紗，是指將麻線纏繞於紡輪與紡錠組成的紡車上，目的在於使得麻繩拉得更為緊實且條理有序；紡紗的工具是木質製成類似 H 形（或稱工形）的扁形框架，長度比一隻手臂略長，稱之為紡錐。在紡紗時，使用者的手臂，能自由上下左右轉動，且不會打到身體。紡錐上下鑿孔插入手肘長的竹竿，紡錐中央有可以手握的孔洞，一手握住紡錐，準備過孔做活結；另一隻手輸送捲線桿上的線，將麻線有秩序的布滿紡錐，麻線在紡錐上保留數日，使其定型與方便成束，接下來做煮線的準備。

5 煮線、漂染

　　煮線是將麻線放進盛入清水及草木灰的鍋內，水煮約需一天的時間，目的是去除麻線上的汙垢、雜質、色素，使其呈現潔白的色澤。漂染則是使用植物、動物、礦物的萃取物當作染材。

圖 29：臺灣原住民族
常用染藍色植物馬藍
/ 曾春滿攝影

臺灣原住民族的漂染技術中，顏色最為多彩豐富的當屬植物性染，主要是採用生活中常見植物的根、莖、果實、果皮、花、枝葉、樹皮等等，萃取其汁液做為染料。例如：將薯榔（圖27）及薑黃根莖部位削皮切塊（圖28），置於木臼搗椿，去除渣滓，將紗線浸漬其中，即可染成褐色及黃色；九芎枝葉染色多呈黃色與土黃色；欖仁樹的綠葉、果皮可染成褐色；茜草根自古以來即為優良之橙紅色染材；馬藍葉中含多量靛青素，即為藍靛的色素來源，也是色素最濃的天然青色系染料（圖29）；蘇枋的枝幹可以染出深紅色與紫紅色；水筆仔樹皮所染顏色為黃褐、紅褐與灰褐色系；黃梔子漿果為黃橙色的重要染料；福木全株枝葉、樹皮、果實皆可用來染色，所染顏色為高彩度的鮮黃色；烏臼枝葉所染顏色主要為黃色與土黃色；楊梅枝葉或樹皮，所染顏色為土黃、黃褐與灰色系。

此外，臺灣原住民族的礦物性染料主要是採用泥炭土、鐵媒粉或礦石粉，可以漂白織線、去雜質或是染出灰色和黑色系。動物性染料則取自漆樹科植物鹽膚木葉子上寄生的乾蟲瘦，稱為「五倍子」，可以染出土黃色與灰黑色；或是取用寄生於荔枝、龍眼、榕樹、菩提樹、酪梨等枝幹上的「膠蟲」，膠蟲口器所分泌出來的白色蠟質會包覆在植物的枝條上，即為鮮濃的紅色染料來源。植物染亦可和動物染、礦物染的萃取物結合，可變化出深灰、深紫、深藍、深綠等色系。

圖28：臺灣原住民族常用染黃色植物薑黃／黃信一攝影

6 捲線球、盤線

　　麻線煮好或漂染完成後，必須再次用清水洗淨，放上用竹子製成的ㄇ字型或丫字型的曬麻架晾乾；之後，便可以開始執行捲線球或盤線的步驟。亦即將曬乾的麻線取下放掛在另一竹架上，一手續線做捲線的工作，做成捲線球（圖30）；或是準備一個竹製的小篩子（小畚箕），一手續線做盤線的工作，將麻線井然有序地盤整在小篩子（小畚箕）內，準備理經的步驟。

圖30：南投春陽部落賽德克族「張媽媽織布工坊」捲好的麻線球

圖31：臺北烏來泰雅族正在理經線的織女

7 理經、纏梭

　　捲線球或盤線的工作完成之後，開始進行麻線的理經步驟。傳統的理經架上方至少豎立排列三個支架，也就是用一根粗約 10 公分直徑、及長約 6 呎的木頭，在其左、中、右上面各挖空三個洞，最左邊插上一根削成粗約 2 公分長、約 2 呎半的直木，中間及最右邊，插上一根削成粗約 2 公分、長約 2 呎半帶有枝架的木頭。不過，亦可依照所需布匹的長度與織紋，調整理經臺孔洞所插的木棒數，並決定繞線方式。

圖32：花蓮豐濱新社部落噶瑪蘭族取下香蕉樹外層瓣膜

　　理經的過程是首先將捲線球或盤線放在理經架旁，理經者面對置於地上的理經架，席地而坐（或坐在小板凳上），依一定的順序來回穿梭，一層層順著支架纏上去，纏滿支架後，再將麻線抽離理經架移至織布機上，便可以開始進行織布。

圖 33 *左上*：花蓮豐濱新社部落噶瑪蘭族香蕉樹外層瓣膜晾乾
圖 34 *左下*：花蓮豐濱新社部落噶瑪蘭族香蕉絲及線圈
圖 35 *右上*：花蓮豐濱新社部落噶瑪蘭族香蕉絲手工織布
圖 36 *右下*：花蓮豐濱新社部落噶瑪蘭族香蕉絲手工織品

此外，織布前還要先準備的一項工作，是在梭子上完成繞緯線的工作，稱為纏梭。織布的過程，首先是將經線放在織布機上，然後連上織線的纏梭，在經線之間橫向不停地來回穿梭，每來回一次，雙手將打緯線拉向織者的胸前，使纏梭帶進經線的線能緊密靠緊，這樣反覆不斷的動作，就完成了傳統手工苧麻線的織布工法（圖 31）。

（二）香蕉絲織線的製作工法

臺灣原住民族傳統的香蕉布製作方法，主要利用當地食用性香蕉，從莖幹部分抽取出外層瓣膜，將其分絲成織線並且陰乾，接著用織布機織成香蕉絲布，再佐以天然植物染進行漂染，通常一棵香蕉樹可織成一幅長約 70 公分，寬約 50 公分的香蕉布，其後再製成服飾或提袋等用品。

① 取香蕉莖抽絲，選擇香蕉樹時，必須成熟但尚未結果的樹種，砍其莖幹，此時的纖維最堅韌，將蕉皮一層層剝下，以刀片刮除肉質只留表皮後晾乾（圖 32）。

② 香蕉皮陰乾後（圖 33），需加鹼煮纖、剝成絲狀，連成長線後捆成球狀待用（圖 34）。

③ 纏繞到整經架上整理經緯。

④ 在織布機上紡織成絲布（圖 35）。

⑤ 縫製成衣服或袋子。香蕉絲布製成的傳統衣物遇雨後會變軟，因此較不適用於雨天穿戴，然而卻是防曬遮陽又透氣的良好織品（圖 36）。

第二節 │織布藝術與文化延續│

透過節慶祭典，部落美學再創新

圖 37：花蓮豐濱新社部落噶瑪蘭族香蕉絲現代化織帽

圖 38：花蓮豐濱新社部落噶瑪蘭族香蕉絲現代化提袋與錢包

臺灣原住民族的織布工藝精美多樣，傳統上是婦女的專利。在過去部落社會中，女子不會織布，就不能文面，也不能論婚嫁。因此，傳統臺灣原住民族女子約在十幾歲時就須開始學習織布與染色的技術，從種植苧麻到織線的製作工法與漂染，從基礎織紋到織出複雜的圖紋，藉此慢慢提高自己的身價與社會地位，也因此造就了豐富的織布文化藝術。

在臺灣原住民族的織布文化中，各族皆有其獨特的染織風格與織紋特色。例如，排灣族、魯凱族、卑南族、布農族主要是以深藍色和墨黑色的織線為底色，再利用各種織法呈現出活潑豐富多樣的織布風貌；而阿美族、鄒族、賽夏族、泰雅族等則擅於染織紅色、綠色的布料，表現出他們對大自然的崇敬與喜好；蘭嶼島上的海洋民族雅美（達悟）族則是唯一會用棕櫚纖維織布的族群。

在手工織布的服飾製作上，臺灣原住民族共有的藝術特色是「方衣系統」。傳統上，他們使用水平式背帶腰織機，織出實用而美麗的手工織布，再將一塊一塊的方布連接起來，拼接成整套的方衣，並採用大量織紋技巧來襯托出盛裝時的華麗效果。所幸，這項染織工藝並未因外來文化的洗禮而消失，反而是持續透過節慶祭典時的整體服飾穿戴，以及現代日常織物的生活應用與創新（圖 37、圖 38），充分表現出族群的自我認同與部落美學的傳承。

阿美族

阿/

　　阿美族屬母系社會，男子結婚前必須學會編籃、木工等手工藝；而女子則必須學會織布及刺繡才有資格論及結婚；若又能製陶，更會被稱為有才華的女子，深受男子的仰慕與尊敬。因此，織布可說是阿美族女子的專業工藝，豐年祭時男女所穿著的盛裝，皆由家中婦女親手染織而成。其後，因阿美族人與漢人的生活接觸頻繁，多改買便宜棉布，來製作日常穿用的衣物，致使傳統紡織技術逐漸沒落。在現代的阿美族聚落中，僅剩下少數婦女懂得傳統織布技巧。

圖 39：花蓮玉里阿美族男子傳統背心與織紋（山形紋織法和夾織法）
楊蕙瑛女士提供照片

　　阿美族成年男子傳統服飾包括無袖上衣、後敞褲、腰帶等。無袖上衣是以兩塊長方形的織布，於長邊對摺向內縫合而成，長邊背面中央下部縫合處，會外加縫一條由紅、黑毛線採交叉編法組成的編帶。織布以白色麻線為主，夾織紅、黃、黑色毛線，織成菱形、橫條紋、點狀紋、曲折紋、三角形等紋樣（圖 39）；後敞褲則是以兩片長方形的紅色織布，上緣縫接一條白色棉布做為腰部，左右兩端各接縫一條棉布做為綁帶，織布是以白色棉布為底，上縫合一片紅色毛線織布，褲身邊緣以黑、白棉布貼縫成三角形裝飾；腰帶一般則是以各色的毛線，採平織法織成簡單的直條紋，兩端將未織完的毛線採交叉編法編成裝飾的流蘇；盛裝時也會背上採平織法的彩色情人袋。（圖 40）

圖 40：花蓮玉里阿美族男子腰帶、情人袋與織紋（平織法）
楊蕙瑛女士提供照片

泛／泛文面族群

　　泰雅族、太魯閣族、賽德克族均屬於泛文面
族群，在泛文面族群的傳統織物中，絕大多數是
以苧麻線為原料，利用水平式織布機織出布匹，
並改變經緯線顏色來製造圖飾與織紋。

　　泛文面族群的傳統色譜主要是以藍、黃、紅、
黑、白色組成，三族都喜以紅、白色為底色，認
為暗紅色具有驅鬼的作用，因此衣服大多染成紅
色。三族的織紋與圖案大多以幾何圖形、條紋形
為基本元素，再加以變化紋飾的組合，例如三角
形、菱形紋、方格紋、Ｚ形紋、橫或直條紋等。
服飾中多彩的橫線主要意味的是通往祖先所在的
彩虹橋，多變的菱紋，織者稱它為祖靈之眼，
代表著無數祖靈的護佑。泛文面族群雖無顯著
的刺繡文化，但是以高超的織布技術著名於世，
紡織技巧計有平織、斜紋織、挑織、夾織、浮
織等類別（圖 41、圖 42、圖 43、圖 44、圖 45）。

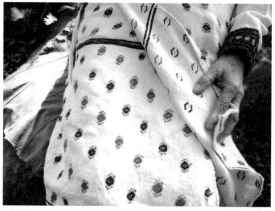

圖 41：花蓮秀林太魯閣族傳統女子服飾與織紋（平織、浮織法、
挑織法、夾織法、緹花織法等綜合織法）

圖 42：宜蘭南澳群泰雅族古董長袖上衣與
織紋（浮織法和挑織法）

圖 43：宜蘭南澳群泰雅族古董長袖上衣與
織紋（浮織法和挑織法）

圖 44：
宜蘭南澳群泰雅族
古董長背心與織紋（浮織法和挑織法）

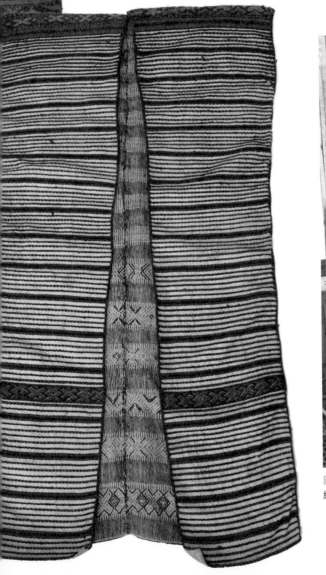

圖 45：南投仁愛中原部落賽德克族女子服飾與織紋（平
織法和挑織法；織者：梁秀琴女士）

排/排灣族　魯/魯凱族

　　整體而言，排灣族與魯凱族因地理位置鄰近，皆屬於階級嚴明的社會制度，織品服飾風格類似，傳統的紡織技巧計有平織、斜織、挑織、夾織、浮織等類別，織紋圖案主要包括有人頭紋、人像紋、獸形紋、百步蛇形、人獸合形紋、植物形紋、幾何形紋（方形、三角形、菱形）、捲曲形、太陽形、長孤形、頭髮形、山形、十字形及陶壺形，以及受漢人影響的卍字形、雷紋、八卦形、蝴蝶蘭花形等（圖46、圖47）。這些飾紋圖樣的使用與區別皆與階級制度息息相關，也與其萬神論的信仰或祖靈崇拜有關；但因排灣族與魯凱族也以精美華麗的刺繡文化著名，過去男子衣服多以皮革或織布製成，女子的則多以現成棉布或綢緞來縫製衣服，再搭配各種刺繡手法加以裝飾，因此兩族的織布文化保存反而不顯著。

圖46：屏東三地門青山部落北排灣族男子背心與織紋（菱紋織法）

圖47左、右：屏東霧臺魯凱族古董女子服飾與織紋（挑織法）

布/布農族

布農族與泛文面族群同樣沒有顯著的刺繡文化，但傳統布農族婦女出色的織布文化原不亞於泛文面族群，不過也因受到漢人生活模式影響，織布傳統漸漸沒落。近年來，熟悉織布技術的布農族婦女已屬少見；因此，在整體布農族服飾中，仍保有手工織布傳統的織品，僅限於男子無袖長上衣與胸衣，女子的服飾受到漢服影響，多以現成棉布剪裁而成。

在過去，傳統布農族婦人織布技術約可區分為平織與斜織，一般以地機紡織出平行、垂直或斜線的線條布匹，做為日常生活的服裝使用。此外，男子無袖長上衣和胸衣則多會採用夾織、挑織等技巧，將毛線、絨線夾入經線，織成美麗的幾何圖形，紋飾約有三角紋、曲折紋、條紋、菱形紋、方格紋以及百步蛇紋等等（圖48、圖49）。有趣的是與排灣、魯凱二族一樣，布農族也將百步蛇紋樣織在男子背心中上，但他們對百步蛇的信仰不同於排灣、魯凱二族，基本上是將百步蛇當作是山中的好朋友。

圖48：南投達瑪巒部落布農族男子長上衣與織紋（夾織法和挑織法）

圖49：南投達瑪巒部落布農族男子胸衣與織紋（挑織法）

卑/ 卑南族

圖 50 上：臺東卑南族男子禮帽與織紋（夾織法）
圖 51 下：臺東卑南族女子服飾與織紋（平織法）

　　在過去，卑南族婦女多採用平織工法織布，到了近代才學會用色線夾入織布
材料，讓織品更加富麗多彩；夾織藝術也因此成為卑南族聞名的染織技術。卑南
族夾織的圖樣多以菱形為主，邊緣會加上三角形、鋸齒紋、直紋、方格紋等紋飾
加以組合變化（圖50、圖51）。此外，卑南族紋飾還包括有幾何圖形、百步蛇形，
花草形，大自然景物形，以及最獨特的人形舞蹈紋。一般來說，卑南的傳統服飾
顏色以紅、藍、黃、綠、白、黑等色為主要用色。

鄒/鄒族

鄒族早期於與荷蘭人交流時,即取得毛線當作織線,傳統鄒族男子服裝包括有紅色長袖上衣、胸衣、後敞褲等,其中男子胸衣會以多種織線挑織的方式,織出鮮明的幾何花紋,穿著時將布滿幾何圖案的花紋置於顯露的胸前,裝飾效果十分顯著(圖52)。

圖52:嘉義阿里山鄒族男子胸衣與織紋(挑織法)

賽/賽夏族

圖53:苗栗南庄賽夏族卍字形織紋(挑花夾織法)

賽夏族與居住鄰近的泰雅族一樣,沒有顯著的刺繡文化,但是迄今仍保有相當卓越的織布技術。世人對「賽夏族的服飾」第一個印象就是「與泰雅族極為相似」,但其實,賽夏族的服飾大多織有「卍」字形的花紋,這是傳統的泰雅族織物中所沒有的(圖53)。賽夏族婦女們擅長在織布機上織出色彩鮮豔的夾織布料,以及在布料上以各種花紋如菱形紋、三角形紋、四方形紋、卍字形紋、十字形紋、日字形紋和線條形紋等進行挑織(圖54、圖55)。

圖54:苗栗南庄賽夏族女子服飾與日字形等織紋(綜合織法)

根據口傳歷史引述，賽夏族的卐
字形花紋代表雷女（雷神）、菱形紋
代表海龍女、點狀橫形紋代表矮人神，
此三種花紋皆與矮靈祭中的祭歌歌詞含
意有關。賽夏族現代服飾的主要色彩以
紅色、白色或原色（麻布）為主；黑色、
白色、紅色的搭配則屬於傳統配色，也
是盛裝與祭祀時的服飾主色。

根據賽夏族人的傳說，紅、白、黑
三色所製成的長衣有其特定意義，白色
表示做人心地善良、清白；紅色表示有
精神、朝氣蓬勃；而黑色表示做人不能
黑心、壞心腸（圖54、圖55）。

圖 55：
苗栗南庄賽
夏族女子長
背心與織紋
（菱紋織法）

雅／雅美（達悟）族

在外來的綿紗線未輸入之前，雅
美人採用蕁麻科的落尾麻、瘤冠麻、
異子麻及山苧麻等的韌皮纖維，織成
男子的短背心與丁字帶，以及織成女
子的短裙與上身斜繫的方布；並以芭
蕉科馬尼拉麻的葉脈纖維織成背心、
嬰兒搖籃和船帆。此外，還用馬尼拉
麻來編織網袋，以及結成粗繩，用以
固定船舵和船槳等。取用的麻纖維，
除瘤冠麻和馬尼拉麻是人工栽培之外，
其餘三種都是野生植物；瘤冠麻的纖
維除用於織布外，主要的用途是結魚
網。

雅美族的織布文化可同時表現多
種不同織紋，族人統稱含有十七種織
紋，例如緯山形斜紋、菱形斜紋、緯

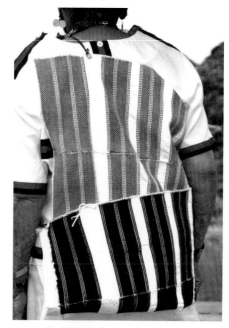

圖 56：臺東蘭嶼雅美族女子服飾與織紋（浮織法）

重平組織、混合組織、飛斜紋組織等等，其織紋會依年齡、性別及個人審美觀點而有所變化。

　　雅美族織布時各有其禁忌，至今族人仍謹慎遵行，例如織品的條紋一般都為偶數（八、十或十二條），只有不畏禁忌的老人才敢使用奇數（十一或十三條）（圖56）。雅美族織布習慣以白色麻布為主，夾織藏青色與黑色棉線，在布面上構成數條由藏青色與白色相間的橫條紋，圖樣包括菱形、長方形、橫條紋、魚骨形紋等。因為是將白色紋樣浮織於有色棉線上，故外觀上較不鮮明，但這也是所有雅美族傳統織品的特色（圖57）。

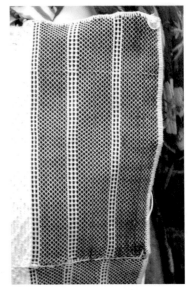

圖 57：臺東蘭嶼雅美族傳統織品與織紋（浮織法）

邵／邵族

　　邵族與漢人之間的貿易起源甚早，因此族人的服飾大多以容易購買取得的棉線和毛線織成。男女服飾上使用的織紋以幾何形花紋為主，織紋多織於女子的腰裙以及男女的胸衣上（圖58）。邵族人的織布技法有平織和緹花織法兩種。平織的織布通常為單色平紋，有時也會變化經線的顏色，呈現出條紋狀的平織布；緹花織布則是以改變經緯線的位置和顏色，織出立體感的緹花紋樣，使用的材料有棉線、毛線和麻線多種線材混合織成。邵族織布的顏色多以紅色、黑色、灰色等為主色。

圖 58：南投日月潭邵族男子服飾與胸衣織紋（平織法）

最愛花的民族
編起了花環戴頭上

有這麼一首歌〈穿上彩虹衣〉，第一段歌詞是這麼寫著：「你那衣服真漂亮，虹彩的布上繡滿了紅藍綠白的樣，有花有草奔騰著獸」。穿上卑南族的衣服，頭上都會戴著花環，因為卑南族有被稱之為「美麗的花環民族」，換言之，花是卑南族服飾不可或缺的元素！

想化解誤會就編花環送給對方

2018 年 11 月本文來到臺東南王拍攝林清美（Akawyan Pakawyan）老師。跟清美老師的認識是 1992 年臺東文化祭，當時還有她的弟弟林豪勳（一沙鷗，Isao）先生，這個緣開啟了我認識臺灣原民的一扇窗。關於卑南族文化我都會請教清美老師，因此問了花環的典故，花環的由來是有一段過程——過去卑南族的服飾並沒有頭戴花環，而是巫師在做法術的時候會用到排香草（Asap），排香草具有靈性，巫師用它與神通靈，因為它很香常被巫師拿來編花環，使用的花材是雞冠花、萬壽菊、還有海芙蓉，在施術的過程中巫師會戴在頭上，即使花環乾了還是有香味。後來因為族人覺得花環很美，於是大家都想要戴在頭上讓自己更美，所不同的是現在的人都用菊花，因為菊花很耐，而且有紅、黃、白三色，編起來很好看。

清美老師說大獵祭男子凱旋歸來的時候家家戶戶都會編花環，為男生或長輩戴上花環，誰戴的多就代表家族越旺！而且臺東有十個部落，奇妙的是每一個部落的花環，不論是花材、編法、花的調配都不太一樣，而且長輩一看便知！長久使用下來花環成了榮譽的象徵，例如在少年會所低年級升上高年級會配戴花環，或是學歷晉級、升官都會配戴花環。

花環的圓代表團結、同心、尊榮、感恩、相親相愛，不僅是裝飾也是尊榮，如果有爭執誤會的話，很好化解的方式就是編花環送給對方。

因花而美，祖孫情的拍攝

若是拍照前換衣梳妝是很容易做到的，可是準備花環就需要一天的時間。第二天開始進行拍攝前，清美老師為洪文貴洪爸爸及孫子不停的整理服飾，為的是希望呈現最完好的畫面！

卑南族織事

卑南族的服飾是有分年齡與社會階序的，男生從青少年開始就要加入年齡組織，接受所謂的會所教育，少年會所（trakuban）與成年會所（palakuwan）是兩個重要的階段，接著進入真正的青年（bangesaran）適婚年齡，服飾與顏色都會不同；女生服飾也同樣是對應不同年齡層應有的穿著。

拍照當天洪爸爸、清美老師穿長老級的服裝，洪爸爸身穿織繡的無袖上衣，下緣有七彩流蘇，有的會加上小鈴鐺。清美老師穿的是深藍色外加黑色底布與繡飾的外裙，另外還有織繡的護腿布及護手布，禮刀是傳統服的重要配件，男女皆可配戴。年近九十的洪爸爸拄杖以顯示身分與長老的地位，祖孫都戴著美麗的花環讓本文在少年會所前完成拍攝，我們都留下美好的時光。

最老的校長有很大很大的夢想

才獲金曲獎的陳建年於 1999 年第一張專輯作的曲，林志興老師的詞，由後來的南王姐妹花李諭芹演唱的〈穿上彩虹衣〉，歌詞裡寫著：「有山有水飄湧著雲，更墜掛了像星星的小鈴鐺，叮叮噹噹、叮叮噹噹的，伴著你那快樂的舞步，響遍平原和山崗，」其中的臀鈴是衣服配飾，也是帶動歡樂氣氛的響器；卑南族與賽夏族都有臀鈴但形制與材質截然不同，其意義也不太相同，卑南的臀鈴歡樂的氣氛居多。

我永遠忘不了清美老師以扮演巫師的角色，在舞臺上領出一群舞者叮叮噹噹的出場，以有節奏的唸出一長串的咒語。她在臺上呼喊著希望祖靈能保佑現場來賓，她更希望能照護我卑南民族——晚年為推動民族教育，以花環部落學校校長之尊大聲說出：「最年輕的學校、最老的校長，我願意將我所知、所會全部教給下一代，我有很大很大的夢想，我要我們的族群永遠留存在這個世界上。」

已經八十五歲的清美老師對著上帝說，再給我十五年，讓我健健康康帶著學生復振我卑南文化。本文也多麼希望有這麼一天看著您身穿九十歲才有資格穿的黑色傳統服，繼續領著後生晚輩搶救瀕危語言；本文不為其他，只真心的奢求清美老師能長命百歲，原因是她是我的乾媽！三十年來從未間斷的家族情誼！

文／
導演　李守昭

噶/噶瑪蘭族

噶瑪蘭族人善用各種材料織布，包括香蕉絲、苧麻、鹹草、黃麻及一些野生樹種等天然材料，爾後也多改採方便取得的棉線和毛線等線材。不過，所有織材中又以具有亞熱帶風味的香蕉絲織布最為特別與聞名，現已登錄為臺灣傳統藝術的「文化資產」類別。

圖 59：花蓮豐濱新社部落噶瑪蘭族香蕉絲原色織品

傳統上，噶瑪蘭族在服飾布料的選用，以苧麻布做為平日之衣著，兼混織其他棉線或毛線；鹹草布則專供農事衣物，以遮陽防雨；而香蕉布較為輕薄，僅使用簡單織法，並不混織其他纖維，特性是涼爽易乾，但製作費時費工，只有經濟狀況較好的家族或老人在特別節慶場合時才穿著。

用色方面，噶瑪蘭傳統的香蕉絲織布僅用原色，不加染色（圖59）；不過噶瑪蘭婦女仍具有製作天然染料的傳統智慧，現今也會採集各色植物榨汁，將織線染成多彩的顏色加以裝飾（圖60）。

圖 60：
花蓮豐濱新社部落噶瑪蘭族香蕉絲染色織品與織紋

第三節 織布特色技藝
你我不盡相同，透過交流彼此學習再創新

臺灣原住民族婦女織布的基本技法，主要約可分為七種，分別為：平織法（又稱平紋織法）、夾織法（又稱緯線夾織法）、挑織法（又稱緯線挑花法）、斜紋織法（又稱山形紋織法）、菱形織法（又稱後退織法）、浮織法（又稱緯線浮織法或米粒織法）及緹花織法。每個族群雖有其不盡相同的織紋樣式與圖案，但也會相互交流，學習使用創新的織布技藝。

圖 61：
採用平織法的南投春陽部落賽德克族傳統織布
南投春陽部落
張胡愛妹女士提供拍攝

一、平織

平織是最簡單的織布技法，就像編竹籃一般，直線與橫線一上一下的交織法（圖61）。傳統的平織法會將兩條紋路織在布的兩旁，中間不織圖案，紋路規律，因此又稱之為平紋織法。平紋織法雖然不織紋飾，但可以自行搭配各種色彩，變化出不同的條紋（圖62）。傳統大塊平布是用來製作盛裝穀類的儲放袋，或者用來當作照護小孩的搖籃袋和背袋，亦可當作床單、地墊等日常用物。

圖 62：
採用平織法的南投春陽部落賽德克族現代彩色條紋棉線織布
南投春陽部落張胡愛妹女士提供拍攝

193

二、夾織

夾織是以平織或斜紋織為底布，過程中插入有色的緯線而織造成不同的圖樣，因此又稱緯線夾織法。夾織時多半會使用兩種以上的色線，主要的圖樣有條紋、字紋、方格紋、三角形紋及菱形紋等幾何圖花紋，紋飾的展現包括有平紋和浮紋兩種（圖 63）。

圖 63：採用挑花夾織法的苗栗南庄賽夏族織布

三、挑織

挑織是從改變緯線位置、顏色與材質而織出來的花紋布藝，因此又稱為緯線挑花法；是一種突顯緯線的編織花紋技術，透過緯紗位置的變移而形成圖紋，也是難度較高的織布技法（圖 64、圖 65）。

圖 64 左：
採用挑織法的南投春陽部落賽德克族織布

圖 65 右：
採用挑織法的南投春陽部落賽德克族織布 南投春陽部落張胡愛妹女士提供拍攝

圖 66： 採用斜紋（山形紋）織法的南投春陽部落賽德克族織布　南投春陽部落張胡愛妹女士提供拍攝

四、斜紋織

　　斜紋織法的編法更為複雜，是利用改變經線顏色所織出的織紋，包括斜形紋、菱形紋、山形紋等布藝都屬於斜紋織法。其中，山形紋因為就像綿延的高山，因此斜紋織法又稱為山形紋織法（圖 66）。

　　臺灣原住民族因無文字歷史，因此傳統婦女也會將族人的遷徙路線，織在斜紋布裡，做為族群的記憶。因為斜紋織的布料比平紋織的布料來得厚，早期斜紋織布料多是用來做為被蓋使用；現今常見的斜紋織布多用於盛裝時的男女披肩（圖 67）、男女綁腿與女子腰裙等物件。

圖 67：
採用斜紋（菱形紋）織法的南投仁愛泰雅族現代毛線披肩
南投仁愛楊高春系女士提供拍攝
曾春滿攝影

195

五、菱紋織

菱紋織的理經法和斜紋織的做法相同,但製作順序卻與斜紋織法顛倒,因此又稱為後退織法。在泛文面族群中,菱紋織的圖形貌似眼睛,因此特別將這種「祖靈之眼」的斜紋織法,歸類為菱紋織(圖68)。

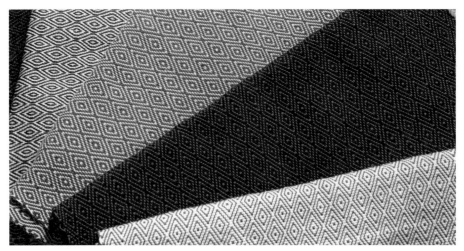

圖68:採用菱紋織法的南投春陽部落賽德克族織布　南投春陽部落張胡愛妹女士提供拍攝

六、浮織

浮織和挑織的製作法頗為相似,必須透過改變緯紗的位置而形成圖紋,但是挑織所使用的線比較粗,製作時,必須用挑花棒挑出圖案;浮織則必須使用比較多的分隔棒,才能將緯線的織紋浮現在布面,因此又稱為緯線浮織法(圖69),賽德克族也將挑織和浮織法所織出的細緻紋樣統稱為「米粒織法」(圖70)。浮織和挑織都是屬於難度較高、層次感較精緻細膩的織法,必須經過長時間的學習才能織成(圖71)。

圖69左:
採用浮織法與雙層織法的南投仁愛泰雅族手工織布
南投仁愛楊高春系女士提供拍攝/曾春滿攝影

圖70右:
獨創「米粒織法」的南投春陽部落賽德克族古董織布(1884年製)
南投春陽部落張胡愛妹女士提供拍攝

圖 71：採用浮織法、挑織法和「米粒織法」的南投春陽部落賽德克族織布　南投春陽部落張胡愛妹女士提供拍攝

七、緹花織

　　緹花織法主要是由棒針或勾針等織具所製作出來的織帶，可以變化出傳統織機無法織造出來的圖形。緹花織帶的花紋具有凸出的立體感，可以是單色，也可以搭配其他顏色的織線加以組合，變化出更多的精緻圖紋（圖72）。

　　此外，亦可使用織布機織出緹花紋樣的織布，主要是透過經緯線相互交織，改變位置與顏色，傳統緹花織布使用的材料有毛線和麻線，或是以麻線為經線、毛線為緯線，混和織出有緹花紋樣的布料。

　　綜觀臺灣原住民族代代相傳的織布文化，是生活記憶，也是傳統技藝，更是族群、家族、階級或地域性的表徵。透過手工織布中所蘊含的特殊形制、色彩、織紋等媒介，成為了引領後代族人們，繼續傳承部落美學與追尋過往歷史的重要載具。

圖 72：採用緹花織法的南投春陽部落賽德克族織布

五片流蘇裙
藍白紅三色代表太陽的光芒

　　每年的 7、8 月是花東豐年祭最盛的季節，光是花蓮大大小小的祭典就超過一百場，這些年來因為政府大力推廣聯合豐年祭，讓很多外人以為阿美族的祭典是帶有觀光娛樂兼文化展演的性質，其實很多族人並不這麼認為，部落內部舉行的祭典才有觀看的價值，它是莊嚴神聖、祭天祭祖的儀式而非表演。臺灣原住民祭典當中屬最盛大的就是馬太鞍與太巴塱，尤其馬太鞍的祭典參與人數高達 3、4000 人，豐年祭分為一天的準備與三天的活動，是道地的部落傳統祭儀，我們稱之為豐年祭（Ilisin）。

豐年祭看到族服的豐美

　　阿美族是臺灣原住民最大的族群，阿美族服飾因地域的不同而有差別，最明顯的花蓮阿美與臺東阿美就完全不同，花蓮阿美又因地方之不同而又有一點差異，假如我們看到五片流蘇裙就可以斷定它是馬太鞍。

　　2020 年 8 月 19 日本文來到馬太鞍，當時帶著臺北市原住民部落大學的學生執行「鏡頭裡的原世界」課程戶外教學，我們想好好看看馬太鞍的五片流蘇裙。剛好張仁福（Afu·Fuday）先生任大會的會長，之前在部大我們曾經共學過，仁福之前還是都市原住民時就非常關注馬太鞍祭典，甚至佛光大學所寫的論文題目也跟馬太鞍祭典有關。前幾年仁福決定回到原鄉致力於部落文化，五片流蘇裙等多個項目就是他與部落共同申請傳統智慧創作保護。

　　五片流蘇裙代表的是五個傳統的部落，分別為 Fat'an、Taporo、Peno'an、Cacifong、Makereng，而馬太鞍（Fata'an）的男性傳統服飾共有五個部分：五片流蘇裙（fakid）、後裙（sokon）、綁腿褲（tapad）、腰帶（safatel）及情人袋（dofot），其中五片流蘇裙是藍、白、紅三色相間所構成，三色代表太陽的光芒色溫，部落感念旭日東昇給予部落充足的陽光，使部落族人生生不息。

雖有片裙，形制大不同

　　馬太鞍與太巴塱男生服飾都有片裙，但是一看就知大不同。

　　太巴塱是短裙，跟臺東阿美很相似都是黑色，裙的下緣有縫貼繡，有紋飾的部分會綁在腰的右後方，圍布呈右上左下傾斜方式穿著，男生擺動姿勢自然流露腿部的肌肉美。

　　馬太鞍男生的片裙有流蘇，五片裙排列於腰帶的下方並繫於身體的腰際，中間是藍色再往外兩側為白色，最外的兩側則是紅色，流蘇長到快接近地面時會有絨線穗做為裝飾。流蘇遮不到的後方臀部會看到黑色的後裙，因為五片裙後面是裸空，可以看到男生在舞動時肌肉的線條，完全表現出馬太鞍男性獨特的力與美，這個力與美也成為女生挑選男生的擇友條件。例如在情人夜的時候，女生會注意她心目中的人選，尤其男生的身材與肌肉線條都是會被關注的目標，當大會把燈關掉的時候，女生就趕緊追著她剛看到的男生，並上前拉著男生的情人袋，男生也會回頭看對方，如果雙方心怡又情投意合就會找一個地方好好的談心，這是部落祭儀中最感性的一刻。

　　馬太鞍的五片流蘇裙因為特殊才會聲請傳統智慧的保護，阿美族是一個很大的族群，因為遷徙、婚姻、工作而到他鄉，祭典的時候會穿上族服，當然也會穿上美美的五片流蘇裙，這是美好的文化分享。可能也會有文化團體到外地或國外演出，也會穿上五片流蘇裙；族服是一個符號的概念，要如何做好一個文化輸出呢？不是因為穿上該族的服飾就代表文化成功的輸出，服飾只是表徵，穿上族服所展現該文化的內容才是重點，服飾背後的內容才是我們要學習與認識的文化核心。現在每個人、每個族群都重視自身的文化，如果要文化分享請記得跟原鄉發展協會知會一聲；誰不願意看到別人對自己文化的認同，但前提是每一個欲分享者要懂得尊重，唯有尊重臺灣原住民文化的系統就不會錯亂，臺灣原住民文化才能可長可久，而且有志一同的讓國際看到我們美好的文化。本文會持續關注部落的文化與祭典，因為臺灣原住民文化實在太豐美了！

文 /
導演　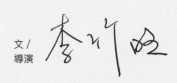

PART 4 刺繡

根據歷史的記載，臺灣原住民族原有一百三十八種刺繡技法，接著荷蘭人又帶來了歐洲技法，明朝鄭成功登陸臺灣後，閩繡文化再隨之而來；因此，多元且華麗的刺繡工藝，逐漸地被廣泛裝飾在臺灣原住民族的傳統服飾上。

如今，部分族群和階層對圖紋裝飾不再擁有絕對的特權，時下年輕人和一般階級也可嘗試，創造出屬於個人特色的獨特紋飾。刺繡藝術也在此一高度的運用發展下，成為臺灣原住民族的特色工藝之一。

前言

根據臺灣原住民族的傳統習俗，男人的職守是狩獵，女人則是精於織布及刺繡。刺繡運用大致分為兩部分，第一是服飾、第二是首飾。刺繡的方式主要是用有色的照布的經緯下針帶線，傳統上不用「鏽繡」而是拿在手上，按紗眼刺出規律的圖案，因此繡出來圖形多數是二方連續、四方連續的幾何圖案。根據歷史的記載，臺灣原住民族原有一百三十八種刺繡技法，接著荷蘭人又帶來了歐洲技法，明朝鄭成功登陸臺灣後，閩繡文化再隨之而來。因此，多元且華麗的刺繡工藝，逐漸地被廣泛裝飾在臺灣原住民族的傳統服飾上。

臺灣原住民族十六族之中，排灣族、魯凱族以及卑南族皆以細緻華美的刺繡工藝聞名於世（圖1）。比較特殊的是卑南族的男女皆有刺繡的傳統，除了女孩們會在十二、十三歲時跟隨母親或長輩們學習十字繡之外，卑南族青年男子也常於會所中，拿起針線在自己的衣褲上以十字繡法繡出花紋，或是繡在女生的衣裙上表達情意；此外，魯凱族、排灣族為了彰顯其嚴明的貴族階級地位，更發展出緞面繡、鎖鏈繡、貼飾繡、綴珠繡等華麗的裝飾性刺繡技術。

傳統上，臺灣原住民族的衣飾文化中，有些刺繡的圖紋是屬於年長者或特殊階級才能專用，但現代觀念變遷，此一界線略趨模糊，部分族群和階層對圖紋裝飾不再擁有絕對的特權，時下年輕人和一般階級也可嘗試、創造出屬於個人特色的獨特紋飾。刺繡藝術也在此一高度的運用發展下，成為臺灣原住民族的特色工藝之一。

圖1：
排灣族男子傳統綁腿與精美十字繡
屏東排灣族部落提供拍攝／謝瑩真攝影

第一節 │歷史沿革│

一針一線,將圖像美學
繡進各族的世代情感

刺繡的歷史傳承

　　臺灣原住民族傳統服飾中,習於加入代表各個族群或階級象徵的圖騰紋飾,以示認同與識別。在臺灣原住民族各族的刺繡工藝中,常見的有十字繡、直線繡、緞面繡、貼飾繡、綴珠繡與鍊型繡等 (圖2、圖3、圖4),表現出的紋樣有祖靈像、人形、人頭形、太陽形、百步蛇形、蝴蝶形、花瓣形、菱形、三角形、山形、方形、曲折形、十字形、卐字形及橫條形紋等等。

圖2 左:屏東三地門青山部落北排灣族貼飾繡與圖騰紋飾
圖3 右上:屏東三地門青山部落北排灣族綴珠繡與圖騰紋飾
圖4 右下:屏東霧臺神山部落魯凱族綴珠繡與圖騰紋飾

圖 5：排灣族男童傳統
短上衣與人物自然共
處紋飾
屏東排灣族部落提供
拍攝 / 謝瑩真攝影

　　臺灣原住民族刺繡工作者大多將上述常用的圖騰紋飾，以重複組合的方式，
變化出豐富多彩的圖案，進而將族群優秀驕傲的刺繡藝術，呈現在華麗的整體服
飾上。

圖騰的特殊意涵

　　臺灣原住民族特有的圖騰文化與傳統部落生活中的萬神論習習相關。所謂圖
騰文化，就是指原住民族把自然界的萬物，轉化為自己的親人、祖先或保護神，
相信牠們能保護自己，並且能與牠們的超自然力量及所傳遞出來的訊息相連結。
圖騰即是藉由這些風俗文化與故事傳說，形塑具有特殊性意涵的紋樣。這些圖騰
紋飾透過代代相傳的方式，不僅補足了臺灣原住民族沒有文字記載的歷史缺口，
更成為了解臺灣原住民族文化特色的重要管道。這些質樸且崇敬自然的圖像美學，
藉由手中穿梭不息的針線，緊密的繡進了各族的世代情感，承載著各族的歷史典
故與生活經驗，也是臺灣原住民族與大自然和諧共處的具體象徵。（圖 5、圖 6）

圖 6：排灣族男童傳統綁腿與人
物自然共處紋飾
屏東排灣族部落提供拍攝 / 謝瑩真攝影

第二節│各族圖騰的象徵

服飾文化中，最直接的自我標記方式

　　臺灣原住民族的傳統圖騰紋飾可說是服飾文化中，最直接的自我標記方式。雖說服飾是人類物質文明中，變化極快速的一項，然而對臺灣原住民族而言，從現存十九世紀日本學者開始的田野影像記錄迄今，服飾的材料和形制或許有些改變，但圖騰紋飾的變化卻不顯著。這些留傳下來的傳統圖騰紋飾，不僅傳達出原住民的生活觀、價值觀及宇宙觀，推估也可藉由崇尚大自然與萬神論的信仰力量，達到維持部落社會秩序的功能。

　　整體而言，菱形紋是各族最普遍使用紋樣，雖然其意涵各族略有不同，但是在泛文面族群，也就是泰雅族、太魯閣族與賽德克族等三族中，都代表祖靈之眼；另外，百步蛇同為排灣族與魯凱族兩族的代表圖紋，兩族也都視百步蛇為崇拜祖靈的對象，而百步蛇身上的正面是菱形紋，側面則是三角形紋；不過，就布農族而言，百步蛇卻代表好朋友之意。

　　另外，雷女紋（ㄅ字紋，又稱雷神紋）是賽夏族的代表性圖紋；百合花紋則是魯凱族的最大特色。除此之外，有些族群將陶壺、盪鞦韆及聚會所等生活實物的圖案展現於刺繡圖騰上（圖7），亦充分表達出臺灣原住民族對其所屬之

社會組織的文化內聚力。換言之，原住民族透過圖騰紋樣所隱藏著含意，不僅記錄了祖先們古老而又珍貴的智慧，甚至將傳說中的故事以圖案表現出來，吾人更可從各族流傳下來的繡片與圖騰紋飾，理解當時的生活樣貌和歷史變遷。

圖7：屏東三地門青山部落北排灣族女子服飾上的綴珠繡與陶壺等紋飾

207

阿/# 阿美族

阿美族的圖騰紋飾沒有一定的樣式，但從傳統服飾上以及一些器具上的紋樣可以發現，大多是以生活中常見的花草樹木為主要圖騰，反而少見動物的圖紋，傳說這是因為阿美族人認為動物有靈性，會為人類帶來不祥。

圖9：
阿美族男子十字繡
肩袋與花草形紋飾
歷史博物館典藏／曾春滿攝影

除了草木之外，阿美族人相信自然萬物分別有主管的神靈，因此也常以太陽神、星辰、土地、石頭、河流等等各種紋飾，做為各個家族的代表圖騰。所以，阿美族的女子頭飾及霞披上常見自然元素的刺繡工藝（圖8、圖9）；另外，男子短裙上也多會繡上代表各個家族的神靈和相對應的圖紋。

圖8：臺東阿美族女子頭飾及
霞披上的貼飾繡與花形、葉形紋飾

泛／泛文面族群

　　泛文面族群包括泰雅族、太魯閣族、賽德克族等三族，主要圖騰紋樣，都是單一的菱形紋，這些圖案象徵的是祖靈之眼，故稱具有保護作用；反而背部的圖案使用較複雜的花紋，據稱可藉此阻嚇惡靈（utux）。

　　總體而言，泛文面族群的圖騰大都是以菱形紋樣為基礎，再加以變化。傳統圖紋包括有幾何圖形、卐字形紋、OX 形紋、線條形紋等等。因為，菱形紋在泛文面族群有眼睛之意，而眼睛代表祖先的靈魂，衣飾上刺繡的菱形所組合而成的各種紋飾，即代表著無數祖靈的護佑，人在死後靈魂因此可安然走過彩虹橋，到達靈界與祖先相聚。但因泛文面族群擅長織布，刺繡僅是衣飾上的少數點綴（圖10）。

圖 10：泰雅族女子衣飾上的綴珠繡與線條形及 OX 形紋紋飾　臺北烏來泰雅族博物館典藏

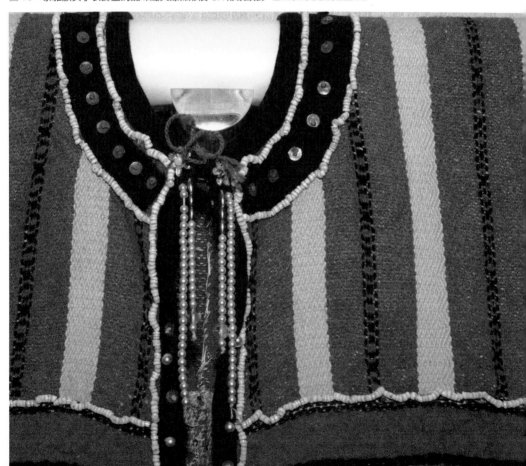

排／排灣族

排灣族的圖騰多元且複雜，多以神話傳說，建構出視覺效果清晰的紋飾，每個圖騰都有其所代表的意涵。例如，傳說太陽是排灣族的祖靈，化身而為陶壺；也有一說，是太陽在陶壺裡生了兩顆蛋，在太陽溫暖的光與百步蛇的看顧下，孵化出排灣族的祖先。因此，排灣族尊崇太陽、陶壺、百步蛇，深信百步蛇是他們的祖先，並以蛇形紋變化延伸出來的圖形，做為主要的裝飾紋樣之一。

除了陶壺形紋和百步蛇形紋是代表對祖先的崇拜與敬畏，太陽形紋則是因太陽之子的傳說而來，和人頭形紋、人像形紋、龍形紋、花形紋、獸形紋、鹿形紋、人獸合形紋、植物形紋、火槍形紋、羽毛形紋、頭髮形紋等等都是貴族所專用；幾何形紋則包括方形紋、三角形紋、菱形紋、捲曲形紋、長弧形紋、山形紋及十字形紋等等；另有受他族影響的卐字形紋、雷形紋、八卦形紋、蝴蝶蘭形紋等，這些裝飾紋樣也都與嚴明的階級制度有關，代表著地位與權勢。換言之，排灣族衣飾文化中布滿的刺繡藝術，幾乎等同專屬於貴族階級的藝術創作（圖11、圖12）。

圖11：屏東三地門青山部落北排灣族男子上衣上的綴珠繡與陶壺、百步蛇、羽毛形等紋飾

圖12：屏東三地門青山部落北排灣族男子服飾上的直線繡、綴珠繡與幾何形、太陽形、百步蛇形等紋飾

布/ 布農族

　　布農族的圖騰紋飾主要有曲折形紋、山形紋、菱形紋、方形紋、十字形紋、蹄形紋及橫條形紋等。其中，蹄形

圖 13：花蓮崙山部落布農族頭飾上的綴珠繡與曲折形等紋飾
花蓮崙山部落蘇得妹、景碧玉女士提供拍攝／曾春滿攝影

紋是希望男子在山上打獵時跑得比山羊、山羌還要快；菱形紋則是要族人時時記得過去曾經和百步蛇是好朋友。此外，布農族男子長衣背後最大的特色，就是裝飾有「百紋競艷」的花紋，這道模仿百步蛇背部紋樣的寬邊棋盤式菱形紋，據說就是由百步蛇鱗紋得到的靈感，仿蛇鱗創造出來的華麗圖紋。不過，布農族習以織片製成男子服飾上的亮點，刺繡工法則多表現於女子頭飾及衣服的滾邊上 （圖 13）。

卑/ 卑南族

　　卑南族的圖騰紋飾擅長以十字繡繡出幾何圖形（圖 14），大多以二方連續及四方連續連成一串圖案，常見的有花草紋、菱形紋、百步蛇、三角紋鋸、齒狀、直紋及方格紋；人形舞蹈紋則是卑南族特有的圖紋，別具一格。刺繡工藝可見於卑南族整體服飾之中。

圖 14：臺東南王部落卑南族綁腿上的十字繡與花草形、幾何形紋飾

魯／魯凱族

魯凱族常用的圖騰紋飾有陶壺形紋、百步蛇形紋、人頭形紋（圖15）、人像形紋、太陽形紋、蝴蝶形紋、百合花形紋等等（圖16），這些圖案多以神話傳說或生活器物為主，代表特定的社會階級與地位。

其中，完整的百步蛇紋，亦延伸出菱形紋、曲折形紋和三角形紋等幾何形紋；陶壺形紋被視為是傳家的聖物，是重要祭典必備之物；人頭形紋與太陽紋是英雄的表徵，早期只有頭目才能使用；牽手站立的人像形紋表示族人同心和睦，也是魯凱族舞蹈的基本形式象徵。此外，在臺灣原住民族各族中，魯凱族的百合花紋樣絕對具有其識別性與代表性。刺繡工藝則可顯見於魯凱族整體服飾之中。

圖15：
屏東霧臺神山部落魯凱族男子背心上的綴珠繡與人頭形紋飾
圖16：
屏臺東霧臺神山部落魯凱族女子服飾上的綴珠繡與太陽形、花形、幾何形等紋飾

圖17：嘉義阿里山鄒族女子腰裙上的直線繡與條形、菱形紋飾

鄒/鄒族

　　鄒族服飾上的圖騰紋飾多為條形紋、曲折形紋、菱形紋等幾何形紋樣。此外，又以族人聚會所的實物建築圖紋最為特別。惟鄒族專長於皮衣、皮飾等製作，刺繡僅見於女子頭飾、腰裙或男子背帶上的點綴裝飾（圖17）。

織布也織心
成爲地方創生的契機

　　1895 年日本統治臺灣，為執行生番綏撫的政策，第一個召撫進總督府的是大料崁地區的原住民，大料崁族群大概分布三峽到巴陵，大料崁是哪一族呢？就是泰雅族。

　　這一區本來就接觸漢人最早，當然也順勢成為日本殖民臺灣原住民的開端，根據伊能嘉矩（2014 年）記載，第一次綏撫生番的儀式是在 1895 年的 8 月，由陸軍少尉平野秋夫領進一對夫妻進總督府，並於 10 月《東京人類學會》雜誌，以臺灣生蕃視察概況發表。換言之，泰雅族是日治時代第一個被認識的民族，伊能嘉矩於 1899 年正式命名以泰雅族（Atayal）發表學術著作。

　　泰雅族在臺灣分布最廣也最會織布，以泛文面來說共有八個群，分別散布在南投、玉里以北，不僅是語言有差異外，織布的顏色與紋路也有不同。

南澳群服飾的最大特色

　　根據臺灣史前文化博物館所編著《重現泰雅》一書，南澳在形制、裝飾風格、色彩使用與織造技法與其他泰雅地區有明顯的不同。帶著這個好奇，本人於 2020 年 3 月 31 日帶著和平畫廊所收藏的幾件百年老衣，親自到南澳泰雅文化館請益正在教學的彭秋玉老師。

　　館員看到這幾件老衣，非常慎重的要求所有的學員都必須戴上口罩、手套，才能進來觀看、研究與比對，本人當場就問了秋玉老師，這幾件老衣是否為南澳所製，結果根據紋路、顏色的判斷，老衣是來自南澳群的金洋部落，而且是用浮織跟挑織所完成，是以緯線表現紋路，也是南澳織法的特殊之處。其中一件用緯線織造的紋路非常的精細，也是秋玉老師未來教學的重點，希望藉此機會復振南澳織布的文化。

教學是織布文化的再開發與延續

　　臺灣 1950、60 年代正是生活清苦，也是經濟逐漸起飛的年代，很多婦女都是為了生活而輕忽了文化技藝。秋玉老師的母親就不會織布，而秋玉的阿嬤那一代大都會織布，每天早上都聽得到咚、咚、咚，織布的聲音，秋玉老師為了找回過去的技藝，也希望喚回往日的記憶，於是從臺北回來開始跟嬸婆學織布，那一年是 1990 年秋玉老師剛好三十八歲。

　　秋玉老師一開始學的是地機，2000 年輔仁大學織品服裝學系開辦兩年的課程，這是非常關鍵的一擊，跟大學上課不太一樣，十五位學員來自臺灣各部落的織布菁英；很多都是家庭婦女的關係，因此每週上兩天的課，希望兩年後學員學成後能返鄉成為種子老師。秋玉老師的織布技能在這裡學得不少，例如織紋分析，以及織紋結構的技術圖、組織圖，這個方法讓秋玉老師後來學習織布的精進有很大的幫助，也促成日後在南澳泰雅文化館教學上的應用。

　　秋玉老師從部落所學的地機，到輔仁大學所學的是高機，也稱之為梭織機，這個技法的轉換雖然是很好學習的機會，但是秋玉老師後來還是決定回到原初的地機，原因是地機是泰雅族過去生活的一部分，織地機要綁著腰帶席地而坐，感覺身體好像是地機的一部分，也像是跟祖靈對話，當然秋玉老師最懷念的就是部落咚、咚、咚的織布音，而且地機織的布比較扎實耐用。

文 /
導演　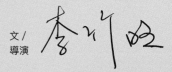

215

賽／賽夏族

　　賽夏族是氏族社會，藉著不同圖騰紋飾象徵著同一血脈的源流，通常以動物、植物或自然現象等符碼，來做為氏族共同的標記與名號，部分特殊圖紋也會被視為代表個人及家族傳承的智慧與殊榮。其中，傳統的雷女紋（卐字紋，又稱雷神紋）是賽夏族的普遍代表性圖紋，此外常見的還有菱形紋、XO 紋、線條紋、點狀橫形紋、幾何圖案等等。

　　根據賽夏族矮靈祭祭歌中的含意，卐字形花紋代表雷女（雷神），菱形紋代表海龍女，點狀橫形紋代表矮人神。紋飾主要由紅、黑、白三色交錯變化而成。以圖案元素來說，賽夏族也和泰雅族非常類似，例如：菱形紋、線條形紋等；其中，菱形紋的菱形代表人的雙眼，賽夏族人也認為菱形是祖靈的眼睛，所以將菱形刺繡在服飾上，就像是祖靈守護著族人，同時也是告誡不可以作壞事。

　　雷女紋（卐字紋，又稱雷神紋）中的卐字，有一說像是大自然天候中的閃電，提醒族人要勤勞不要懶惰；線條形紋、XO 形紋則是因為早期賽夏族人與鄰近的泰雅族人互相通婚，所以賽夏族人也將原屬泰雅族的圖騰融入了賽夏族的服飾文化中。只不過，賽夏族也是以織布聞名，刺繡作品多在臀鈴上表現（圖 18）。

圖 18：苗栗南庄賽夏族臀鈴上的綴珠繡與幾何形紋飾

雅／雅美(達悟)族

　　雅美族的傳統圖騰紋飾有人形紋、船眼紋、瑪瑙形紋、銀盔形紋、波浪形紋等。人形紋代表家族英雄，是各家族所屬船隻的徽號；雅美族最重要的圖案是有著齒輪狀的船眼形紋飾，船的眼睛，具有避邪的作用，傳說可讓船隻在大海航行時免於災難，也充分展現其海洋民族的特性與對漁獲豐收的期許；瑪瑙形紋、銀盔形紋、波浪形紋則是象徵與祝福族人們都能擁有貴重的財富。雅美族服飾色調樸素，十分擅長織布，少見刺繡工藝。

邵／邵族

　　邵族服飾上的圖騰紋飾多為條形紋、幾何形紋，主要裝飾在男子胸衣和女子腰裙上。邵族整體服飾簡單樸素，刺繡元素則多見於男女華麗的頭飾上（圖19）。

圖19：南投日月潭邵族男女頭飾的綴珠繡與幾何形紋飾

噶／噶瑪蘭族

　　文獻中的噶瑪蘭族服飾大多是男女通用的方衣形制，布面僅以簡單的十字交叉形紋製成，並以黑或色等素面為主，衣飾上也無特殊的紋樣。不過，近年來已積極復刻一些傳統圖紋，例如以部落生活中常見的大葉山欖（gasop）做為代表該族群的圖騰紋飾。惟噶瑪蘭族專長香蕉絲織品製作，刺繡工藝多裝飾於額帶、背袋或女子腰裙上（圖20）。

圖20：
花蓮豐濱新社部落噶瑪蘭族額帶、背袋及女子腰裙上的綴珠繡，與幾何形、條紋形紋飾

撒／撒奇萊雅族

撒奇萊雅族服飾目前復刻的圖騰
紋飾，主要是衣飾上的三角形紋飾，
代表犧牲、奉獻與貞潔，金色綴飾代
表土地與財富。惟刺繡工藝文化有待
積極振興（圖21）。

圖21：
花蓮撒固兒部
落撒奇萊雅族
男女服飾上的
綴珠繡

拉／拉阿魯哇族

拉阿魯哇族服飾目前復刻的圖騰
紋飾，主要是在衣背上裝飾五條三色
線條，由左至右分別是黃、綠、白、
綠、黃，象徵的是家族及族群向心力。
刺繡文化正積極振興中（圖22）。

圖22：
高雄桃源高
中部落拉阿
魯哇族女子
腰帶上的十
字繡及紋飾

卡／卡那卡那富族

卡那卡那富族服飾目前復刻的圖
騰紋飾，包括有菱形紋、三角形紋、
曲折形紋、十字形紋及橫條形紋等幾
何形花紋。刺繡文化亦正積極振興中
（圖23）。

圖23：高雄那瑪夏卡那卡那富族的十字繡片

第三節 | 文化藝術特徵 |

展露社會實踐、總體的生活智慧與豐沛情感

從上述臺灣原住民族十六族服飾文化中，透過圖騰紋飾所指述的神話、傳說、祖靈以及願望的祈求、感情的表達、生活的經驗等等，都可以看做是各族所特意傳承下來的歷史符號元素。換言之，這些圖騰紋飾欲展露的，是各族從古至今的社會實踐和文化創造意涵；此外，也透過這些紋樣中的不同色彩、工法與圖紋，來突顯出各個族群之間的特有人文與風情。

各族服飾文化有自己的主要色譜與意涵

1 阿美族

由於阿美族主要分布在花蓮和臺東兩地，屬於狹長的地形，因此各地區的服飾會因為地點、部落、階級的不同，而有所差異，並且有其各自不同的風格。阿美族的傳統服飾色譜主要為黑色，但因為現代文化的影響，才呈現出較美麗鮮豔的色彩。阿美族的圖騰紋飾崇尚自然，認為一切恩惠都是大自然給予的，因此將尊重大自然的概念以不同的色彩表達融合在服飾的穿著上。紅色代表流在身體的血液，象徵代代相傳；白色代表純淨無暇，象徵乾淨潔白；綠色代表

大自然的植物與山林，象徵生命；黑色代表耕種土地，象徵萬物的來源。

整體而言，現今阿美族的女子服飾以紅色及黑色為主要色系，男子服飾則以藍色短上衣、黑色短裙或紅色綁腿褲為主要裝扮。男女的裙子均有刺繡精美的圖案。此外，若是以色譜做為區別，北部阿美（花蓮地區）以紅、黑、白三色為主，而南部阿美（臺東地區）則融合了鄰近的卑南族服飾文化，以黑、紫紅、黃、綠、紅及橘色等色彩為主。

2 泰雅族

泰雅族服飾的圖騰表現上以紅色與白色為主，其中紅色象徵泰雅族的積極進取之心與生命力；另有一種說法，是因為 Utux（惡鬼）最怕紅色，因此具有驅鬼的作用。整體而言，泰雅族的主要色譜是以藍、黃、紅、黑、白色組成；再搭配多彩的橫線，象徵的是通往祖先福地的彩虹橋。

3 泛文面族

泛文面族的賽德克族與太魯閣族主要色譜均以紅、白兩色組成。

4 排灣族

排灣族男女服飾的色彩豐富且大致相同，有紅、黑、白、橙、黃及綠色等色譜。

5 魯凱族

魯凱族男女服飾的色彩豐富且與排灣族大致相同，有紅、黑、白、橙、黃及綠色等色譜。

6 布農族

傳統布農族男子服飾最具代表性的色譜是白色的底布，並由百步蛇鱗紋得到靈感，仿蛇鱗紋創造出寬邊棋盤式的彩色紋飾，裝飾於無袖長上衣的背面；在許多祭典活動中，布農族男子都是蹲於地上進行儀式，衣服背後的彩色蛇鱗紋因此格外引人注目。傳統布農族女子服飾則是以藍黑兩色為主，衣裙並裝飾有鮮豔色彩的滾邊刺繡。

7 賽夏族

賽夏族服飾沒有嚴格的性別分別以及階級差異，但是日常服與宴會服差距較大，平常服多半是素色麻布衣，盛裝時則穿上由紅、黑、白三色交織出美麗幾何花紋的服飾。其中，紅色代表待人要熱情；黑色表示做人不可黑心；白色則表示人心要保持純潔。

8 卑南族

卑南族的服裝以鮮豔的紅、黃、綠等顏色為主，再夾雜著黑、白兩色，突顯出多層菱形紋，並且搭配細緻的

圖 24：排灣族十字繡片與圖騰紋飾
屏東排灣族部落提供拍攝 / 謝瑩真攝影

十字繡，形成主要的衣飾色譜。

9 鄒族

鄒族男子服飾的色譜以紅色為主，因為在鄒族的神祇中，戰神最

喜愛的顏色就是紅色；女子則以精美圖案的紅色胸衣、藍衣黑裙為主要裝扮。整體而言，鄒族服飾主要是以紅、白、黑三色為主要色譜。

10 邵族

邵族服飾與阿里山鄒族有類似之處，色彩以紅、白、黑色為主、另以深、淺的褐色、藍、灰等色做搭配。

11 雅美（達悟）族

雅美族所有服飾均以白色為底，再以黑、藍相間的色彩做為搭配。

12 噶瑪蘭族

噶瑪蘭族服飾大多是男女通用的極簡方衣形制，沒有華麗的裝飾，但崇尚黑、白兩色，年長者則全身黑衣打扮。

13 撒奇萊雅族

撒奇萊雅族復刻的服飾顏色主要為土金色與暗紅色。土金色代表土地，族人敬重土地，意喻撒奇萊雅

族始祖由土地誕生；暗紅色則代表祖先凝乾的鮮血，意喻不忘先人的付出與慎終追遠。

14 拉阿魯哇族

拉阿魯哇族復刻的服飾顏色以紅色上衣為主色，衣背裝飾有五條三色線條，由左至右分別是黃、綠、白、綠、黃，象徵家族及族群的向心力。

15 卡那卡那富族

卡那卡那富族復刻的服飾顏色以紅、黑、黃褐色等為主色；此外，男女服飾均會以相似的紅、黃、藍、黑、綠、紫等色的刺繡花紋加以裝飾。

刺繡針法目前可歸納為 19 類

臺灣原住民族的傳統刺繡技法眾多，使用的工具早期為竹針，後來受漢人影響改用金屬繡針穿引，選取有色的繡線按照布的經緯下針帶線，並在布帛上繡出各種花紋。不過，臺灣原住民族傳統刺繡方式並不使用鏽繃，而是直接拿在手上，按紗眼刺繡出圖案。在原住民族現存的刺繡作品中，以十字繡、綴珠繡和貼飾繡最為普遍、緞面繡最為少見且獨特。整體刺繡針法目前約可歸納為以下十九類：

① 十字繡（圖 24）

② 包梗繡

③ 直線繡

④ 交叉邊緣繡

⑤ 五針邊緣繡

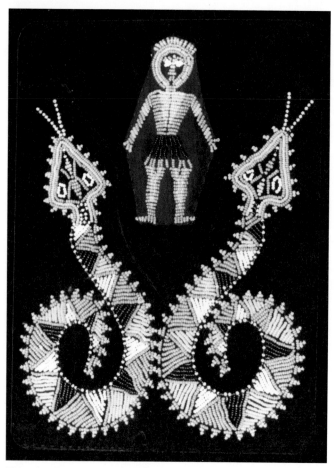

圖 26 左：排灣族綴珠繡片與圖騰紋飾　屏東排灣族部落提供拍攝／謝瑩真攝影
圖 27 右：排灣族貼飾繡片與圖騰紋飾　屏東排灣族部落提供拍攝／謝瑩真攝影

⑥ 毛邊繡

⑦ 綴珠繡（圖26）

⑧ 圈飾繡

⑨ 接針繡

⑩ 補釘繡

⑪ 滾（緄）邊繡

⑫ 數紗繡

⑬ 緞面繡

⑭ 三針（五針）針法布邊繡

⑮ 鍊形繡

⑯ 鎖鍊繡

⑰ 邊緣裝飾繡

⑱ 貼飾繡（圖27）

⑲ 挑繡

其中，十字繡法與中國傳統刺繡方法不同，因此推測是與荷蘭人交流學習而來的，基本上是先以二方連續

或四方連續的紗眼，採直線繡的方式，在布面上斜交叉製成十字形的繡法，每個十字繡再相連並填滿成圖形，因為方法簡單易學，是現在臺灣原住民族服飾上最常見的刺繡工藝（圖 25）。

綴珠繡法則是將細小的桶型白色貝珠，或是不同顏色的琉璃珠、玻璃珠、塑膠珠、亮片等等，用線串起來固定在衣服上，或是把小珠一粒一粒穿串分別縫在衣服上，通常都是以線條綴珠法製作，再依照紋樣的輪廓線縫製，使珠串敷置於衣服上（圖 26）。

貼飾繡法是指在不同顏色的布上先勾劃出紋樣，裁剪下來後，再以直線繡或鎖鍊繡貼縫於衣服上，有時為了圖案整齊平均或造型一致，會將布塊對折或

再斜對折，而後剪成對稱或輻射狀的圖樣，當貼飾展開時，圖案統一、精緻且省時（圖 27）；緞面繡法則曾是魯凱族貴族服飾中所獨有的工藝，特色是以連續的縫線形成一整塊圖案面積，現今保存下來的魯凱族緞面繡，多以菱形或波浪紋等紋飾呈現，可惜此種費工的珍貴技法已經很少見，取而代之的是以簡便的十字繡為主的繡片。

哪些配飾可見刺繡工藝之美？

從現有臺灣原住民族的整體服飾，刺繡工藝主要運用在以下配飾中：

① 披肩（霞披、雲肩）

② 手套、足套、綁腿

③ 背袋（檳榔袋、情人袋）（圖 28）

④ 束腹

⑤ 男女胸（飾）兜

⑥ 肩（飾）帶、背帶

圖 25：排灣族女子貴族綁腿與精美十字繡
屏東排灣族部落提供拍攝／謝瑩真攝影

圖 28：
排灣族背袋與綴珠繡
臺北凱達格蘭文化館提供拍攝／曾春滿攝影

⑦ 襟片

⑧ 胸（飾）帶

⑨ 頭飾、頭環、頭巾

⑩ 帽飾（圖29）

⑪ 腕飾、踝飾

⑫ 髮飾

⑬ 頸飾

⑭ 臂（飾）環

⑮ 臀飾、臀鈴

⑯ 額帶

⑰ 腰帶

⑱ 腰裙

圖 29：排灣族女子帽飾與綴珠繡
屏東排灣族部落提供拍攝／謝瑩真攝影

部落裡仍有的刺繡文化

在傳統部落社會中，刺繡是臺灣原住民族婦女必須學習的一項日常技術，會透過彼此互相交流來精進其刺繡技術，或是藉由高超的刺繡工藝來提升個人與家族的名望。目前，臺灣原住民族十六族中以排灣族、魯凱族、卑南族等三族擁有最明顯的傳統刺繡

圖 30 左：
屏東禮納里好茶部落魯凱族女子服飾、頭飾與綴珠繡

圖 31 右：
臺東卑南族男女整體服飾上的十字繡與紋飾

文化，其他族群則僅將刺繡工藝做為服飾上的一小部分裝飾品。

1 排灣族、魯凱族

在傳統刺繡文化上，階級制度顯著的排灣族及魯凱族社會中，頭目及貴族階層擁有專屬的圖紋裝飾權。刺繡的裝飾技法上兩族十分相似，平民所使用的繡片由平民製作，而貴族專用的繡片則由頭目家系或貴族家系的女子所縫製。常見的繡法包括緞面繡、十字繡、鎖鍊繡、貼飾繡、綴珠繡與直線繡等；緞面繡則是魯凱族貴族服飾所特有。

其中綴珠繡中的琉璃珠串深受排灣族及魯凱族的重視與喜愛，也是貴族階級的表徵之一，因為只有貴族階級才能穿著琉璃珠串繡的衣物（圖30）。直線繡的圖案為太陽紋、三角紋、曲折紋和剪刀紋等。

常見的十字繡圖案富變化，但是多變的圖案中，主要是由菱形和八角形變化出來的，而這兩類的基本構圖靈感，則來自於百步蛇背上的紋理。上述繡片的裝飾部位多放在領圍、袖口、袖山線、裙緣、右襟、及前襟

的兩端等處，多半先將繡片圖案完成後，再縫製於衣服上面。

2 卑南族

卑南族的刺繡文化並非如排灣族、魯凱族將其做為社會階級區分，而是服裝上的重要裝飾。卑南族的刺繡方法以十字繡法最為普遍，人形舞蹈紋則是卑南族所特有的圖案。裝飾在黑棉布上的十字繡片，使用的繡線顏色眾多，以紅、白、紫色為主色，也有以紅、黃、綠為系列。常見的圖紋有線條紋、菱形紋、幾何圖紋、十字紋、四瓣與八瓣星形花紋、山形、蝴蝶形、蜂窩形、花草紋、三角紋、四方紋以及富有特色的「人形舞蹈紋」；人形舞蹈紋通常以連續人形紋排成一長排的形式出現，有時會男女相間，有時則完全由同一性別的人形排列而成。

卑南族男子服飾一般會著短褲，是以黑色棉布剪裁而成，刺繡的運用通常裝飾在褲子背面中央和褲腳邊緣，以十字繡、直線繡等工法繡出十字形紋、直條形紋、菱形紋、花瓣形紋等圖樣。選擇在褲子後方裝飾刺繡，是因為男子短褲本身沒有綁帶，穿著時須先用一條繩子繫綁固定，再纏繞腰帶；在重要儀式場所中，卑南族男子會在短褲外再加穿一件後敞褲，後敞褲的後方是敞開的，就能夠顯露出短褲背面的美麗刺繡紋飾。此外，卑南族的傳統女子服飾比起男子較為簡單，以白、黑、藍色上衣為主，加上刺繡精美的胸兜，下身穿著開襟的刺繡長裙（或內裙）、束膝褲和綁腿（圖31）。

圖 33：泛文面族複製的珍貴貝珠服飾與配飾
感謝邱若龍先生提供親製作品拍攝

第四節 | 刺繡特色物件 |
不斐價值來自美感創造力
與精湛的工藝

一、針線板

　　木雕的針線板（ZiaZia）係排灣族和魯凱族
婦女在刺繡時，用以滑潤繡線、插針和防針鏽
的工具（圖 32）。針線板的背面會黏附一塊厚
約一公分的蜜蠟，供刺繡時潤滑針線之用。排
灣族和魯凱族的木雕針線板造形、顏色各異，
圖騰紋飾雕工精巧，深富創造力與美感。

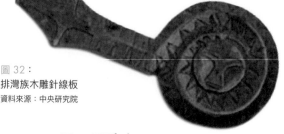

圖 32：
排灣族木雕針線板
資料來源：中央研究院

二、貝珠衣

　　令人驚艷的臺灣原住民刺繡文化中，
除了上述排灣族、魯凱族、卑南族等三
族精湛的刺繡工藝之外，最讓世人驚嘆
的是泛文面族和阿美族人曾經擁有的貝
珠衣，雖然傳統刺繡技法已經失傳，所
幸從典藏下來的古董衣飾，仍可供後人
重新複製（圖 33）。

　　貝珠衣（Lukus-Kaxa），曾是泛文面
族中最貴重的家傳禮服，係以厚重的硨

圖34：泛文面族貝珠服飾上的綴珠繡
感謝邱若龍先生提供親製作品拍攝

碝蛤（或白色貝類）磨製成細小圓柱狀的白貝珠，中間穿孔洞，再由細麻線串連成三至五吋長，之後橫綴或縱綴，並排對齊繡縫於麻布料上（圖34）。一件長背心往往就需要使用數萬粒綴飾用的貝珠，一件貝珠上衣重量可達二至四公斤，也因此貝珠衣所代表的價值不言而喻。

泛文面族傳統的整套貝珠衣形式包含珠帽、珠衣（長背心）、珠裙、胸布及護腳布等，並有腰飾、腳飾、腕飾及臂飾等配飾。在過去，只有族長、親團組織的首長以及功績高超的勇士，於特定儀式中才可穿戴，或是結婚時男方送給女方的貴重聘禮。不過，貝珠衣雖然具有服飾的形式，卻因為過於厚重而失去了衣服的實用功能，但也因價值不斐，曾經做為交易時的貨幣使用，以換取他族珍貴的物資。

根據地理條件來分析，這些貝珠衣最早極可能係由鄰近海邊部落的阿美族婦女所製作，再與山上部落的泛文面族人以物易物交換而來。只可惜在現存的文物中，保留下來的貝珠衣已不多見，不論在泛文面族或阿美族，此項工法已失傳斷層百年，現階段想要重建貝珠衣

的製作傳統，必須面臨相當大的挑戰與決心。

綜上所論，臺灣原住民族刺繡工藝的運用，不僅遍及整套服飾，其色彩運用的炫麗、圖騰紋飾的多樣、工法的多元與細緻，都充分展現出部落藝術的華美特質。而臺灣原住民族因敬畏天地、崇拜自然、信仰祖靈所刻劃出的圖騰紋飾，形成不同部族之間的特殊文化意涵。

臺灣原住民繡片中的圖紋，有些內含神聖不可侵犯的祭儀與典故，有些則普遍融入原住民族日常生活中的所見、所聞、所感與所悟；這些富含神話傳奇的圖紋，不僅傳承了族人世代的情感與歷史的意涵，更是臺灣原住民族對大自然的崇敬，進而創造出來的精神與物質文明，呈現出來的也正是臺灣原住民族的總體生活智慧與豐沛的情感內涵（圖35）。

圖35：屏東三地門青山部落北排灣族女子頭飾、服飾與綴珠繡

當代魯凱族染織工藝家
彭春林老師

　　走筆至此已到截稿日，最後又臨時加了一篇彭春林（Kaludasan）老師的報導，原因是春林老師是目前臺灣原住民染織工藝很少有的男性傑出織者與設計師。

時代的轉變，男性也可以碰織布

　　認識春林老師之前，因為文手紀錄片的拍攝已先認識了他的奶奶彭玉梅女士，她的手紋很有故事！2022 年 5 月我因霧臺文物館的需求要拍攝一部紀錄片，因此在文物館有機會結緣，他每週一會來館裡教婦女傳統織布。

傳統織布之於男性？以臺灣原住民傳統習俗來看，男生是不可以觸碰織布，怎麼會有這麼一位如此瞭解傳統織布、又會文創設計的男生呢？原因是時代在改變。

過去部落都有一個織布屋（tabalangane），婦女會帶自己的女兒來學習織布，這是女性一個很嚴謹的學習歷程，男生是不可以進來、更不可能學織布。後來部落從山上遷到現在的青葉村，織布屋就不存在了，婦女都是在家裡織布，看到婦女織布是很容易的。

春林老師自幼是奶奶帶大，經常看到奶奶在織布，看到姑姑們刺繡、編繩與製作服裝，春林老師很想跟著學，奶奶說男生不可以碰織布，否則你打獵會打不好。共同生活在一個屋簷下，耳濡目染織布是很自然的，何況春林老師的奶奶及姑姑這麼的厲害！

創意工房＝文化＋創意＋產業

魯凱族的教育非常重視青少年體力與耐力的鍛鍊，因此才會有後來魯凱族長跑成為全國知名的佳話，而春林老師過去就是田徑選手，當他在外唸書工作並獲得織布工藝家頭銜時，回到部落成了很多親友調侃的對象，其實他並不以為意，他在意的是家人。

春林老師是一位很傳統的魯凱族，怎麼會走上編織工藝之路，激發春林老師關鍵的是一位漢人朋友；春林老師將她在青葉部落所學的繡片做成髮夾回贈時，沒想到他的朋友的反應相當的好，甚至引起其他人想要訂製，這已是三十年前的事，

文創還不是那麼的響亮。後來在屏東民族路一個小舖經營自己的商品，春林老師一面創作、一面回部落學習傳統技藝，同時也往都會區向一些編織老師習藝，其中有多位老師也是男性，例如陳景林老師。

2000 年輔大織品服裝系公開徵選部落種子教師，春林老師是十六位入選中唯一的男性；經過兩年的培訓，連續十一年的獲獎（包括臺中縣立文化中心第四屆編織工藝首獎），也讓春林老師正式成為工藝家染織老師，他是第一位將染織文創帶進青葉部落的人。

走上艱辛路，也得到奶奶的認可

春林老師回到部落為婦女上織布課，聲名於是傳開，他的奶奶一直不清楚自己的孫子在做什麼？九十歲的奶奶有一回拄著拐杖，走了好一段路來到了春林老師上課的教室，一進來從左邊的學生一個一個看，並觸摸同學手作的織品，經過春林老師的身邊卻完全不把他當一回事，奶奶看完最後一位學生的織品要走出去時，對著那位同學說：「我的孫子的確比我還厲害！」講到這裡時春林老師泛著淚水，因為他選擇了這條路有傷害到奶奶，還包括他的父親；可是那幾年部落的產業有慢慢好起來，春林老師在織路上從禁忌、反對到接納與支持，進而獲得部落的尊重後，他才敢請教奶奶，奶奶也願意跟他談織布，父親陪著他到處去領獎，也為春林老師感到驕傲！從傳統社會裡要排除性別並好好的學織布的確是一條艱辛路。

春林老師的生活創意工房在屏東縣內埔鄉的水門，每天往返青葉部落。我們都知道魯凱族有兩項技藝，一是石雕，二是織繡，石雕在霧臺鄉已經發展了一段時間。青葉部落目前對外以藝術村的名號自許，因此織繡有一定不能失傳的壓力，因此春林老師這些年研發的有織布、染布、服裝、包包、繩編、竹編、籐編等創作，為的是要推展部落的文化特色；他以一位魯凱族人的身分不停的思考與創作，經由作品傳達出現代原住民的一個想法，也希望能累積更多相同理念的部落人士，將織繡文化的藝術價值繼續的發揚光大，並能帶起青葉進入產業經濟、帶動部落的觀光，不久的未來到青葉藝術村走走就會看到讓您耳目一新的織繡文創！

文 /
導演　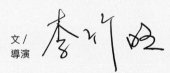

導論

李莎莉，2009，〈臺灣原住民各族群之服飾風格與紋樣介紹〉，收錄於《不褪的光澤：臺灣原住民服飾圖錄》，國立自然科學博物館，頁 22-23

·

第一章

中央研究院民族所數位典藏網
臺北原住民族事務委員會
高雄原住民族事務委員會
花蓮原住民傳統文化數位典藏
臺灣原住民數位典藏
臺灣原住民數位博物館
臺灣原住民族文化知識網
臺灣原住民族歷史語言文化大辭典
臺灣原住民族文化產業發展協會
臺灣原住民神話與傳說網站
臺灣原住民歲時祭儀數位典藏知識網
臺灣原住民族資訊資源網
臺灣環境資訊中心
原住民族委員會全球資訊網
原住民族委員會原住民族文化發展中心
數位典藏與數位學習聯合目錄
花蓮卓溪布農族數位典藏
國家之窗
臺灣 WORD
臺灣原住民數位博物館
桃園新聞局
史前電子館
嘉義大學原住民中心
臺北凱達格蘭文化館
花蓮原住民文化館
苗栗南莊賽夏族民俗文物館
基隆原住民文化會館
花蓮萬榮原住民文物館
大紀元網站
臺東觀光旅遊網站
東部海岸風景區官方網站
賽德克巴萊網站
中國時報
中央社

嘉義阿里山鄒族文化部落
臺灣之美
臺灣采風
蘭嶼部落文化基金會
蘭嶼東清社區發展協會
小地方 news 臺灣社區新聞網
黃貴潮，許功明，1998，《阿美族的物質文化 —— 變遷與持續之研究》，自然科學博物館
高業榮，1997，《臺灣原住民的藝術》，東華書局
李莎莉，1998，《臺灣原住民衣飾文化》，南天書局
陳篤正、林彩梅，2001，《飛躍的子民 —— 臺灣原住民藝術》，臺灣藝術教育館
中研院民族學研究所編譯，2001，《番族慣習調查報告書第四卷鄒族》（臺灣總督府臨時臺灣舊慣調查會原著），中研院民族所

·

第二章

大紀元新聞網
原住民族委員會
原住民族文化發展中心
臺北原住民族事務委員會
臺北凱達格蘭文化館
臺灣社會人文電子影音數位博物館
臺灣史前文化博物館
臺灣原住民數位博物館
臺灣原住民神話與傳說
臺灣原住民族文化知識網
臺灣原住民族資訊資源網
臺灣原住民工藝網站
臺灣原住民族數位典藏知識網
臺灣原住民族數位典藏應用服務網
臺灣藝術教育網
臺灣卡那卡那富文教產業發展促進會
臺灣原住民族工藝師與工藝精品網
順益臺灣原住民博物館
自然與人文數位博物館
自然科學博物館
太魯閣國家公園
史前館電子報

中文百科

中央社

中央研究院數位文化中心

中時電子報

城鄉藝術活動原住民部落

賽德克風來藝彩虹珠網站

花蓮原住民族傳統文化數位典藏

府城原鄉 E 樂園

數位典藏與數位學習聯合目錄

帝哈寧工作室

風傳媒

高業榮，1997，《臺灣原住民的藝術》，東華書局

李莎莉，1998，《臺灣原住民衣飾文化》，南天書局

陳篤正、林彩梅，2001，《飛躍的子民 —— 臺灣原住民藝術》，臺灣藝術教育館

許美智，1992，《排灣族的琉璃珠》，稻鄉出版社

•

第三章

花蓮原住民族傳統文化數位典藏

花蓮臺灣原住民族文化館

數位典藏與數位學習聯合目錄

臺灣原住民族文化知識網

臺灣原住民數位博物館

臺灣原住民族網路學院

典藏臺灣、文化藝術、織布之美、華人百科

中央研究院臺灣史研究所檔案館臺灣研究古籍資料庫

交通部觀光局部落輕旅行網站

雪霸國家公園全球資訊網

臺東食在好玩網站

中時電子報

臺灣博物館

臺灣史前文化博物館

原住民族委員會

織物教育大市集

世紀容顏 —— 百年前的原住民圖像

何傳坤、廖紫均主編，2009，《不褪的光澤 —— 臺灣原住民服飾圖錄》

自然科學博物館

李莎莉，1998，《臺灣原住民衣飾文化》，南天書局

陳篤正、林彩梅主編，2001，《飛躍的子民 —— 臺灣原住民藝術》臺灣藝術教育館

方志榮、葉美珍，2001，《臺灣原住民的傳統服飾・原住民織品及飾品圖錄》，臺灣史前文化博物館

吳光惠、張胡愛妹，2013，《織布完的故事》，九個太陽文化

•

第四章

臺灣原住民數位博物館

臺灣原住民族文化知識網

臺灣原住民文化園區

臺灣原住民族資訊資源網

臺灣博物館原住民數位典藏

原住民族委員會

中央研究院

2008 年全球原住民文化會議

花蓮原住民傳統文化數位典藏

自由時報

中時電子報

臺灣 WiKi

臺灣大學人類學系

臺北凱達格蘭文化館

基隆市原住民文化會館

歷史博物館

陳正雄，2017，《原鄉驚艷 —— 臺灣原住民藝術》，歷史博物館

黃貴潮，許功明，1998，《阿美族的物質文化 —— 變遷與持續之研究》，自然科學博物館

高業榮，1997，《臺灣原住民的藝術》，東華書局

李莎莉，1998，《臺灣原住民衣飾文化》，南天書局

陳篤正、林彩梅，《飛躍的子民 —— 臺灣原住民藝術》，臺灣藝術教育館

希望是一個很美、很好的起始點

「為何想要出書呢？」這是一句可以簡答，卻有申論空間的問話，也是我跟作者在第一次見面時必定會請問的，我想確定作者是否很清楚自己「初心不會改變」，因為唯有心比「鐵志」不撼動，遇到任何變數和編務的長期繁瑣與求證，才能笑笑以對關關過，迎接化為甘飴的書卷，坐看雲起時～

但蜜兒的回答，卻是我從未聽過的！

彷彿是有一股向天神聖祈求的能量，注入她骨子裡，輕柔呢喃聲聲的「相信」；在後製編書的這四年，雖然有幾度她想放棄，但只要我再一次問起，蜜兒似乎總是回到最初，依然氣定神閒地悠悠吐露：「苗兒，我想，是祖靈在召喚我……！」

· · ·

蜜兒大學念西班牙語系，我念大眾傳播系新聞組，我們因輔大「港安原住民友團」而結緣，印象中這位學姊仍停留在雙眸慧點、說話處處機鋒，總能說學逗唱得讓臺下人笑得合不攏嘴～

再見面，已是匆匆三十幾年過去……

2018 年 12 月 1 日，我永遠記得這一天所有到場的朋友！木果的創業作《跟著無國界醫師走進世界廚房》作者賴醫師的新書分享會，因為陰錯陽差而升等到誠品信義旗艦店六樓的視聽室──這可是有近二百個位置的超大廳（O.S. 坐不滿一半怎麼辦）！港安朋友聽到我的呼救後，一個牽動一個到場了二十幾人，學長也訂來花團錦簇做足場面，當晚幾乎滿座，空氣裡沸騰著高分貝談笑聲，至今難忘～

不管到哪，總是情義相挺、一事到底，沒有屆別和當年分屬哪一個村落之差，這是港安人的熱血。而蜜兒，也在這之中……當晚，我收到她寫了一本跟原住民有關的書的訊息，想出版；還有一張印有政治系副教授的名片。

從那天開始，便有一條「讓我實在太好奇了」的隱形線牽繫起彼此，隨著

蜜兒回到那個初始地，回到充滿了理想、還沒被汙染（開玩笑說社會是個染缸）的時間點——單純心思地喜歡山林及率真的原民朋友與文化，如信仰一般以「社會服務」實踐青春熾熱——回到那個洋溢著熱情的「港安年代」。

原來，蜜兒寫書的起心動念只是為了協助師長的專案，壓根兒跟教職無關，她之所以在忙碌的學術日常之外，毅然樂意肩起這困難的挑戰，無怨無悔，全是因為來自於她的深深相信：「祖靈是有揀選的！」——相信早在三十幾年前，祖靈就把一顆喚作「蜜兒」的種子安排到了山上，而這顆種子將透過這本書，回到來時路。

還記得，社團裡有這麼一闋詞代代相傳著，也是團員們幾乎都能朗朗上口的——〈走近她 悸動是你 迴盪我 是山 山是來時路 來時淡入 何曾淡出〉，據說是來自初始幾屆廣告系才子學長的偶發之作。是啊，「何曾淡出」！各自畢業走上不同人生路的每個團員，人生登的豈止一座山，唯不管上巔峰或處低谷，微光徐行或榮光閃耀，記憶裡總有浮光隱現，提醒我們，落腳時要記得曾經有那麼一座山，它位在驕陽熾熱南臺灣屏東縣來義鄉的大武山林，這座山教給了我們要有同理心，以熱情面向社會，不忘初衷；這座山標記著時代的靈魂，具有不可取代的意義，更不會因為時間久遠了而讓我們記憶抹滅～

也因此，進入編輯後期，蜜兒提出想留頁面邀請港安人來書寫點滴時，我是秒懂的，最後這一哩路，她仍選擇回到那山，回到「山是來時路」上彼此分享的喜悅；而過去七年來的心情周折和所有的辛苦，似乎也都成全在此了——

曾經，她想簡單些，卻因為網路免費分享的空間不足所以作罷；

曾經，她決定在木果自費出版了，卻仍擔心資料型書寫沒有賣相；

曾經，照片因為原民法「智慧創作專用權」和肖像權的規範，難以一一釐清，她幾度想放棄出版……

而結果是——

紀錄片導演李竹旺老師加入三人行，疫情期間無數次往返十六族部落；導演是天使，為蜜兒的願望點畫出一張張富有人文視角的攝影作品，加寫了十一篇人物專訪，以與部落三十幾年的交誼編織起人情經緯線，每一篇都令人動容。

結果是——

蜜兒自費出版 1000 本，其中 200 本請託導演回饋給各部落、100 本致贈並感謝導演，未來銷售所得的版稅，蜜兒要再全數轉捐原民部落；為此，木果很樂意以加印 500 本做為響應，同時為這本書可預期的影響力，賦予無限的希望。

· ·

趕在付梓前最後一刻，終於完成這篇一直覺得不甚好寫的後記（也完成蜜兒的交託：「妳是一定要寫一篇的！」）；行文至此，同時也想起她曾對我說的：「我是個路人，很高興有妳開了這扇門，本來覺得這些資料會關起來或亂丟了……這門是妳開的。」而，這正也是我想對蜜兒說的。每一位作者都會帶給我不同的視窗，蜜兒開啟的卻是一扇大門，它牽引出不僅七十五位港安社友與原民朋友的舊情綿綿，拉頁裡每一個字寫的無不是真心與曾經，如此的盛會，我衷心地合十感謝；這扇門更開向了無數的助緣——最熱心、也笑稱是最貴工讀生的啤董，回到老家翻篋找舊照片的芊芊，為周神父代筆〈山是來時路〉前言的雙媽老師，提醒我請專業審訂的伊伊，向部落邀得重量級分享文的水媽、蘋兒、噹噹，及用心為這本書操刀設計的士淵、主寫網路精彩特色的媒體前輩蕙蒙，謝謝各位！您們都是本書的天使呀～

最後，再一次謝謝蜜兒，我很榮幸能以出版圓滿您的願。「我也相信，祖靈保佑著我們，為這塊土地，為這本書的守護！」而讀者您，雖然大部分不是港安之友，但相信也有著和我們同樣的心情——一直以來，我們心裡的「原鄉」，不單指原住民，而是一開始就在島上生活的一群人，是吧！？

這本書如果是一把鑰匙，希望它是一個很美、很好的起始點。

苗兒（林慧美）／木果文創

國家圖書館出版品預行編目（CIP）資料

原飾那麼美：臺灣原住民16族服飾文化藝術與生活美學
／蜜兒（曾春滿）編著、李竹旺攝影 — 初版 — 2022.12
260 面；17*23 公分 —
ISBN 978-986-99576-4-9（平裝）

1. 服飾 2. 臺灣原住民族 3. 臺灣

538.1833　　　　　　　　　　　　　110010225

Great 經典 04

原飾那麼美
臺灣原住民 16 族服飾文化藝術與生活美學

編著	蜜兒（曾春滿）
攝影	李竹旺
插畫	#guruloveart
主編	苗兒（林慧美）
校稿	尹文琦
設計	蕭士淵

發行人兼總編輯　林慧美
法律顧問	葉宏基律師事務所
出版	木果文創有限公司
地址	苗栗縣竹南鎮福德路124-1號1樓
電話／傳真	(037) 476-621
客服信箱	movego.service@gmail.com
官網	www.move-go-tw.com

總經銷	聯合發行股份有限公司
電話	(02) 2917-8022
傳真	(02) 2915-7212
製版印刷	禾耕彩色印刷事業股份有限公司
初版	2022年12月
初版二刷	2023年6月
定價	580元
ISBN	978-986-99576-4-9

為尊重各族群守護祖先之智慧文化與傳承精神，本書依《原住民族傳統智慧創作保護條例》所建立之「原住民族傳統智慧創作專用權」制度，針對書中照片若符合各族所申請者（截至出版日前），均已取得其合法授權及達成回饋共識。

特別感謝原民朋友成全，以及您們對於本書所做努力之肯定與期許！謝謝各族於本書申請授權期間提供熱心協助；謹此致謝並聲明——授權之族名及專用權標的名稱、證書號數，詳列如下：

阿美族：阿美族馬太鞍部落男性傳統服飾—五片流蘇裙（O fohkad i ilisinan no Fataʼan a niyaroʼ）（證書號數：美 H000001）

鄒族：yxsx no cou 男女傳統服飾（證書號數：鄒 H000005）

賽夏族：hinobi:waʼan（雷神紋；證書號數：夏 G000046）、hinoroSaʼan（日字紋；證書號數：夏 G000030）

邵族：Thau ayuzi a hulus 邵族傳統男子服飾（證書號數：邵 H000052）、Mushadaiash（邵族紋；證書號數：邵 G000040）

噶瑪蘭族：tibay（女子禮裙；證書號數：噶 GH000026）、ni tenunan tu benina（香蕉絲織布工藝；證書號數：噶 FI000024）

撒奇萊雅族／Sakizaya：撒奇萊雅族男女服飾含配件（證書號數：奇 HG000077）

賽德克族：burux／burux／murux 賽德克族交叉紋 編織、圖案（證書號數：德 FG000065）、kingal doriq kingal doriq／kingal dowriq 賽德克族 單口菱形紋 編織、圖案（證書號數：德 FG000064）

Hlaʼalua 拉阿魯哇族：拉阿魯哇族男女傳統服飾（證書號數：拉 H000073）

卡那卡那富族：卡那卡那富族傳統服飾（證書號數：卡 H000013）

走近她
悸動是你
迴盪我
是山
山是來時路
來時 淡入
何曾 淡出